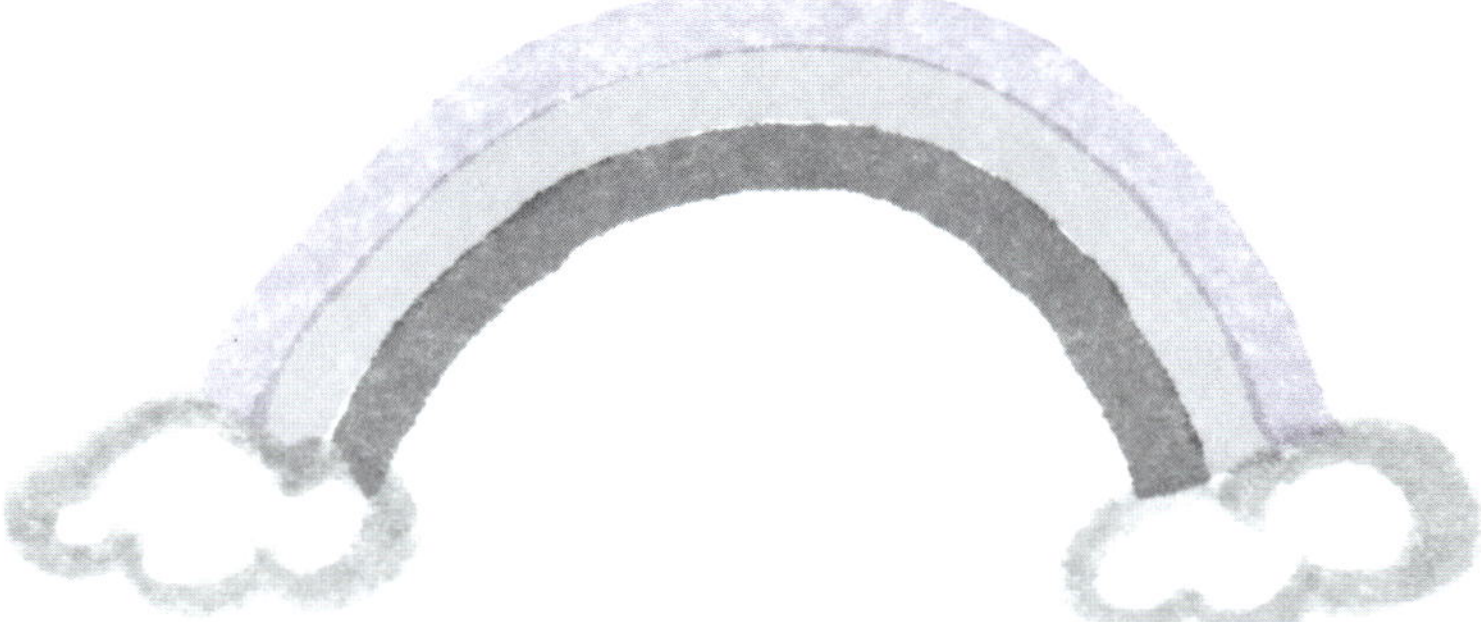

あなたは絶対！運がいい 3

誰でも思い通りの人生を生きている

浅見帆帆子
Hohoko Asami

廣済堂出版

カバー・本文イラスト／浅見帆帆子

まえがき
「引き寄せの法則」からは誰も逃れられない

ベストセラーとなった『あなたは絶対!運がいい』を書いてから17年が経ちました。
その年月のあいだに、その本に書いた「この世の仕組み」が私自身の生活の中で次々と証明され、それに伴って私自身の興味も「運」にまつわる身近なことから、「目に見えないこと」とされているあらゆる方向へ広がりました。

「直感の使い方」
「シンクロニシティの意味」
「前世をはじめとする輪廻《りんね》転生《てんしょう》の仕組み」

「科学と宗教の交わり」
「守護神、守護霊、神様の世界」
「高度に発達した生物（宇宙人）の存在」
「失われた文明や次元上昇、異次元、パラレルワールド、宇宙の成り立ち」

など……どの方向から探ってもそれぞれに興味深い世界があり、目に見えるものと見えないものは表裏一体で、「ここまでは現実の世界、ここから先はスピリチュアル」と分けて考えること自体が本質から外れている、ということがよくわかります。

それらを経て、今、私が最も重要（必要）だと思うこと……それは、**「引き寄せの法則」を本当の意味で理解すること**です。結局、いつも「今このとき」に自分の思考がなにに向かっているか、それこそが未来を左右するからです。

この法則を「本当の意味で」理解すると、これまでわからなかった多くのことに答えが見つかります。

引き寄せの法則とは、「自分が意識を向けたものを引き寄せる」というとてもシンプルなルールです。この法則が適用されていない人は地球上にひとりもいなく、すべての人に私たちが思っている以上に正確に働いています。「そういうときもある」ではなく、常にそれに則《のっと》ってすべてが動いているのです。

それなのに、多くの人のこの法則への理解はまだまだ甘い……私自身もそうでした。「引き寄せの法則」という言葉が日本にやってくる前、私は『あなたは絶対!運がいい2』の中で同じ法則のことを「引き力」と表現していましたが、あのときの理解度を仮に50とすると、今は100に近いほど、ひとつひとつの意味と「すごさ」がよくわかります（100が完成ということではなく、今では当時の倍近くに深まったという意味です）。

今のあなたがどんな状況にいても、自分の人生に経験したいことだけに意識を集中し始めれば、その瞬間から起こる物事が変わっていきます……と聞いたことがあってためしてみたけれどちっとも変わらないのは、結局、自分が経験したいこと「だけ」に意識を向けていないからです。なにかが起こるたびに意識を奪われ（惑わされ）、日常生活で、否定や拒絶や不安や心配や怒りや失望や後悔など、あなたが望んでいないことにすぐに意識を向け始めてしまう……それが「せっかく前向きな引き寄せをするために望みに意識を向けている言動」を妨げていることに気づいていないからです。

私も、自分の望みのことを考えているつもりでいながら、日常生活ではそれと逆の波動になっていることに気づいたときがありました。自分の望みを引き寄せるには、日常生活でもいつも望みと同じ波動で居続けなければならないのです。「どんなときも」です。

これは、目標に向かって常に努力して行動し続けるというような「ガッツで頑張る話」ではありません。意識（心）の話です。まず、自分の意識を整えておくだけで望みは近づいてくる、行動するのはそのあとです。

本書では、いかに意識の力だけで起こることが変わるか、私のまわりに集まってくる多くの実例を参考に、具体的で実践的なプロセスを書きました。

自分の望みを引き寄せるには、いつも自分で自分の思考を観察する必要があります。自分の意識がなにに向いているか、自分の思考が「今」も望みと同じ波動になっているか……。

自分の人生でなにを体験したいかはっきりした意思を持たず、毎日目の前に起こる出来事になんとなく反応していく日々を送れば、「なんとなくの物事」を引き寄せます。「引き寄せている」という感覚すらないでしょう。

一方、自分がなにを望んでいるかを考え、「喜びを感じることだけに意識を向ける！」と決めれば、誰でも前向きな引き寄せを強く実感できるようになります。

私自身、自分の思考が向かっている先を観察するようになってから、以前よりスピーディーに自分の思いが実現することを体験するようになりました。それは、「達成したいなにか」が常にあるという強く固いエネルギーではなく、心の豊かさや今に幸せを感じる穏やかな気持ちも両方合わせ持つものです。

同時に、**理不尽に感じることや、「なぜその人にそれが起きるのか」という仕組みもひもとかれ、「誰もが思い通りの人生を生きている」ということがわかりました。**

生きている限り、私自身も永遠に理解の途中ですが、この仕組みをはじめに知った十数年前と比べると、今は実感の度合いがまったく違います。たとえば「黒電話」しかなかった日常に、突然携帯電話が出てきて感動した……それが十数年前の「引き寄せの法則」への理解度でしたが、それが今ではスマートフォンになったような進化です。言葉にすれば同じように「電話の話」ですが、そこからの広がりはまったく違うことがわかります。

その証拠に、あの頃より確実に毎日が面白く、確実に不安や心配やネガティブな思いがなくなり、自分の望みがスピーディーに実現していくのを毎日楽しんでいます。

常に完璧ながら常に変化している、という感じでしょうか……。

そして以前にも増して、「起こることはベスト、常に最善のことが起きている」ということを実感するようになりました。


引き寄せの法則の素晴らしいところは、誰にでも平等に働いている、ということです。

同じことをしたときに、人によって効果が違うということはありません。

ですが、私に寄せられる質問を拝見していると、同じことをしているのにうまくいく人とうまくいかない人がいることも事実です。

その違いを考えてみると、ちょっとした解釈の取り違いや誤解によって、引き寄せの力を違うほうへ使ってしまっていることがあるようです。そのために「自分には前向きな引き寄せは起こらない」と思ってしまっているのです。

今回の本では、その「ちょっとした解釈の取り違い」についても解説しました。

机上の理論より、日常生活こそ本番です。実践的な話や、そうなっていく過程を知ることでワクワクしてきます。

たくさんの人が、自分の望みを形にするプロセスを経験してワクワクすることができますように。そしてもっと自由に情熱を燃やせることに進みながら、人生を楽しむことができますように。

浅見帆帆子

あなたは絶対！運がいい3

目次

第1章 あなたは本当に自分の望みを考えているか

まずは自分の思考を観察しよう！

第2章 引き寄せの力を効果的に使おう
どんな望みでも現実にできる

第3章
どんなときも気持ちのよい波動を維持する
すべてを最高の状態にするための意識の使い方

第4章 目の前の「今」が夢実現につながっている
日常生活での実践ワーク

第5章 心地よい人間関係を得るための習慣
嫌いな人、苦手な人がいる場合はこう考えよう

エピローグ　夢実現の究極の奥義

「今」に集中すれば思いがかなう

第1章

あなたは本当に自分の望みを考えているか

まずは自分の思考を観察しよう！

避けたいことが起きてしまう仕組み

引き寄せの法則とは、「あなたが意識を向けたことを引き寄せる」というシンプルな仕組みです。

中でも、強い感情を伴ってなにかを考えているときは、引き寄せる力が強まります。

強い感情とは、気持ちが大きく揺れることです。

たとえば、なにかに深く感動したり、強い憧れを持ったり、前向きな刺激を受けて気持ちがワクワクと高揚することを味わうと、それからしばらく経ってそれと似たようなことが続けて起こる、という経験を誰でもしたことがあるはずです。

そこでずーっと考えていた事柄を他の場所でも目にしたり、その事柄と同じようなことをしている人に出会ったり……そうして似たようなことが何度も起こると、その高揚した気持ちにさらに拍車がかかります。

実は、その感覚をずっと続けていくと、その「思っていたこと」は必ず自分の生活に起こる（実現する）のですが、たいていの人ははじめの数日、数週間で思い続けるのをやめてしまいます。単に気持ちが冷めてきたとも言えるし、面白い引き寄せが起こらなくなってしまった、とも感じるからです。

意識的に自分の夢や望みを考え始めたときも同じです。そのことを考えて前向きな引き寄せが働くのははじめの数日、数週間で、あとは動きが感じられなくなってしまうのです。でも、実はその時点でも引き寄せの力はきちんと続いているのです。もし、**一番はじめに思い始めたときの気持ちの高まりと同じように毎日それを見つめていけば、引き寄せる力は弱まることはなく、確実に形を成していきます。**

同じように力強いけれどベクトルの向きが逆の思い、たとえば「あれだけは嫌だ！」という強い拒絶や、考えただけでお腹が痛くなるような心配や不安の感情にも強力な引き寄せが働きます。

たとえば、「インフルエンザだけにはなりたくない」と強く思っている人に限ってかかってしまう、というようなケースがわかりやすいでしょう。

「それを望んでいるはずがないのに起きてしまう」というのは、引き寄せの法則が誤解されやすい第一のポイントです。**あなたがそれを望んでいるか拒絶しているかは関係なく、「意識を向けていること」が引き寄せられる**のです。

以前、私は「ああいう考え方をする人は本当に苦手！」という人に出会ったとき、その人を避けようとすればするほど、外でバッタリ会ってしまったり、同じ集まりに居合わせることが増えたり（それまでは一度もなかったのに）、似たような考え方をする別の人が現れたり（それまでそういう人はまわりにいなかったのに）、という経験が続きました。

「拒絶する」「避ける」というのは、その対象を深く考えて味わっているのと同じなのです。深く考えたからこそ「それは嫌だ」となる……それについてじっくりと考えを深めている時点で、その対象が自分の人生に現れるのを許していることになるのです。

ですから、自分の望まないものが出現したときは、それと向き合ってなんとかしようとするのではなく、自分の意識をできるだけそこからそらすことが最善策となります。

インフルエンザの例で言えば、「インフルエンザのことなど考えたこともない、だから予防接種なんて受けたことがないけれど、一度もかかったことはない」ということです。

これも引き寄せの法則の結果……つまり、**関心を向けていないものは引き寄せられない**のです。

行動よりも「なにを考えているか」で、起こることが決まる

上記のような強い感情を伴ったことには引き寄せる力が強まりますが、私たちの日常生活で、そこまで強い感情を伴った考えをしていることはめったにありません。

1日のうちのほとんどは、それほど感情のこもっていない「なんとなくの意識」で過ごしているはずです。そのとき目にしているものや耳にしたこと、そのとき自分のまわりにある事柄から連想したことを考えているのです。

一夜にしてよっぽどの環境変化が起こらない限り、誰でもきのうと同じ部屋で目覚め、同じようなものに囲まれ、同じような人たちと交流するので、そこから出てくる考えはやはりきのうの自分とほとんど同じ……つまり、**引き寄せの法則のほとんどは現状維持に使われているの**です。

はっきりした思考の変化や強い感情が湧き起こらなければ、きのうと同じものを維持するために引き寄せが働きます（だから、引き寄せの法則が働いていないように感じるとき

があるのです)。

旅行に出ると、これをわかりやすく実感できるでしょう。

旅先で、いつもの自分と違う考えが生まれたり新しいことを思いついたり思い出したりするのは、いつもと違う部屋で目覚め、違う人たちと会い、違うものを目にする時間が続くからです。いかにまわりの環境に自分の思考が影響を受けているかがわかります。

逆に言えば、**日常生活で自発的に環境を変えるのは、思考を変えるためには効果的**ということになります。

たとえば、実現したい理想の生活があるとき、「その暮らしを先取りして、今よりよい環境へ引っ越す」とか、「憧れのあの人になりきって洋服を一新する」など、すでに「そうなったつもり」になると、その「なりきった波動」に引き寄せの法則が働くので、まわりに起こること自体がこれまでと確実に変わっていきます。

仮に、明日からお城のような部屋で目覚めることになったら、それが良いか悪いかではなく、誰でも考えることが変わるでしょう。その波動が続けば行動も変わるので、当然、起こることも変わっていくのです。

ですが、このような形の「テクニック」が効果的なのは、それをすることで本人が前向きで明るい気持ちになるときだけです。それを楽しんでワクワクしながら実践し続ければ効果的ですが、いくら形をなぞっても現実的に意識が違うところに向いていれば、その意識の通りに引き寄せの法則が働きます。「どうせうまくいかないだろう」という望まないこと、今足りないものに焦点を当て続けているからです。

環境が変わっても意識を向けている先が同じ……つまり、**行動よりも、その人の意識がどこに向いているかで起こることが決まる**のです。

恐ろしいのは、それに本人が気づいていないことです。前向きな引き寄せを実感できない原因のほとんどは、自分としては望みに意識を向けているつもりでも、日常生活の大半でそれとは逆のことに意識を向けているからです。

これに気づかないと、いくら望みを実現しようと行動しても、意識は逆のことに向かっているのでアクセルとブレーキが同時に働いて現状はなにも変わらない、やっぱり生活（人生）を変えることはできない、となってしまうのです。

特に一生懸命に行動を変えている人は、それまでとは違うことを実践しているつもりになっているので、ますます「自分には引き寄せの法則は働かない」と思ってしまいます。

望んでいることが引き寄せられない理由
――それは「宇宙からのサイン」を無視しているから

望んでいることを引き寄せることができない多くの原因は、望みのことを考えているようでいながら、それと逆のこと……今はそれがないこと、足りないこと、不足していることに意識が向いているからです。

かなえるための方法を前向きに楽しく検討しているならいいですが、その方法が思いつかないときや、現実の今とかけ離れていることにガッカリしているときや、少し進んでもそれ以上進展がないと、人の意識はすぐに「それが今ないこと」に向き始めます。「今ないこと」に意識を向けていれば、いくら行動しても「今ないこと」を引き寄せるだけなのです。

このとき、**あなたの意識が間違ったほうへ向いているということを明確に知らせてくれ**

ているものがあります。それが、あなた自身の感覚です。

あなたは「今それがないこと」を考えたとき、モヤッとした不快な気持ちを感じているはずです。

その感覚が宇宙からのサインなのです。あなたがなにかを見たとき、聞いたとき、考えたときに浮かぶ感覚、感情、本音は、すべて宇宙からのサインです。それを考えたときにワクワクした前向きな感情が湧くのも、モヤモヤした後ろ向きの感情が湧くのも、あなたが宇宙とつながっているからです。

自分の感覚や感情は自分自身が思いついていることに思えますが、考えてみると、「なぜそう感じるのか」を説明できないことがほとんどです。なぜそれを思うとワクワクするのか、似たようなあっちにはなぜワクワクしないのか、なぜそれを好きと思うか……もちろん、その理由を言葉で説明できる場合もあるでしょう。

ですが、まったく同じ状況でも違う感覚になることもあるはずです。以前と同じ条件なのに、なぜか今回は心が動かないとか、逆に前は気が乗らなかったのに今回はワクワクする、ということもある……。

理由もないのにそう感じることに偶然はなく、なにかしらの意味があって「そう感じている」のです。

それを考えたときにワクワクするのは、あなたが勝手にそう思っているのではなく、あなたがそれを選ぶことを宇宙が応援しているからです。

この「宇宙」を神様と呼んでもかまいません。「本当の自分」「魂」「偉大なる英知」「〇〇の神様」……国や文化や教えが変われば呼び名は変わります。

私がしっくりくる説明はこうです。

「存在しているだけで幸せであることを知っている大元《おおもと》の自分が、私が選ぼうとしていることが正しいかどうかを教えてくれている。それが正しいときは、ワクワクしたりうれしくなるなどの前向きな感覚になるし、正しくないときは、モヤモヤしたり気が乗らないという後ろ向きな感覚になる」

このときの「正しい、正しくない」とは、世の中的な判断ではありません。社会的規範や価値観は国や時代や人によって変わります。他者と比較したものではなく、「あなたがそれを選ぶとワクワクした展開になるよ」という意味です。

絶対に失敗しない選択基準
――「自分の感じ方」がガイドになる

私たちは、自分自身の「感じ方」によって、今なにを選べばよいか、どちらに進んだらよいかを自分で判断できるようになっています。AとBで迷ったとき、考えると明るい気持ちになるほうを選び、憂うつになったり気が進まなかったりすることは選ばなければいい、ということです。**他のなにかに頼る必要はありません。自分の感じ方がガイドなのです。**

たとえば、今、この本を書き始めたときもそうです。これまでは、いつもはじめにレジメを作り、きちんと章立てをしてから書き始めていました。そのやり方が一番しっくりきたし、実際にとてもスムーズだったからです。

ところが今回は「書きたいことをまとめて章立てを……」と思いながら机に座ると気持ちがモヤッとするのです。なぜかやる気が起きない、ワクワクしてこない……それよりも、思いついたところから書き始め、その続きで思ったことをまた書いて、という書き方のほうがずっと気持ちが乗るのです。実際、その方法で書き始めてみると、次々と言葉が出てきます。

あのときはあの方法がよかった、でも今はこっちのやり方がいい……**そのとき一番気持ちが乗る方法が、そのとき宇宙が応援している方法**なのです。

そんな曖昧《あいまい》でいい加減な……と感じるかもしれませんが、宇宙に「こうするべき」という枠《わく》はありません。

頭で考えて、「前回もこうしたのだから、今回もこうしなくてはならない」とか、「きちんと章立てをするべきだ」などと考え始めると、単純に気持ちが盛り上がらず、結果的に執筆の進みが遅くなります。

「モヤッとする」という感覚についても、頭で捉えてしまうと、「ただ自分が章立てをするのが面倒くさいだけなのかな?」と逃げているように感じるときがありますが、理由がどうであれ、「気持ちが乗らない」ということがそのときの宇宙の答えなのです。

ここで、さらに詳しく自分の気持ちを探ってみます。

もしかして、執筆自体にモヤモヤしているのだろうか？……すると、そうではないことがわかります。本は書きたい、それを思うと楽しくなる……でもこれまでの方法で書こうとすると気持ちが乗らない……だから、「方法を変えればいい」とわかるのです。

あとから詳しく説明しますが、**どんなときでも、どんな内容の事柄でも、この「自分が居心地よく感じるほう」が正解**となります。

これまでの拙著では、これを「直感」という表現で説明していました。心で感じる本音の感覚が直感である……。

ですが、直感と言うと、「特殊なもの、たまにやってくるスピリチュアル的な感覚」というように特別なものと捉える人が今でも多いようなので、最近では「自分自身の感じ方、感情、心の本音」という言い方のほうが伝わりやすいような気がしています。

つまり、宇宙からの情報である「直感」は特別なものではなく、誰にでも毎日きていることになります。あなた自身の感じ方のことだからです。

一般的に「目に見えないこと」が見えたり、未来がわかるような特殊能力のある人たちも、この「自分の中の感覚」を信じるところから始まるといいます。

その人たちが私に対して感じたことと私が感じていることを照らし合わせてみると、自分自身の感じ方が当たっていることがよくわかります。「なぜかワクワクする」と私が思っていることについては「進んで正解」と言われ、モヤモヤしたり気が進まないと思っていることについては「今はやめたほうがいい」「お勧めではない」などと言われるからです。

これからの時代に必要なことは、特殊能力のある占い師（のような人）のところに足しげく通うことではなく（笑）、自分の中にあるその能力を信じて使うことです。

すると、**誰でも自分のことは自分で見えるようになる**のです。

「こうあるべき」という常識には要注意！

宇宙からきているサインを頭で捉えると、なぜそう思うかの理由が見つからないので行動に移すことができず、せっかく情報がきているのに逃すことになります。特に、「こうあるべき」という頭で考えた理由に傾きそうになるときが要注意です。

「これはこうあるべき」という考えは、一見とてもきちんとした道理の通っていることのような気がします。実際にそうでしょう。

ですが、「これはこうあるべき」と頭で考えたときにモヤッとするということは、その考えは今は必要ない、ということなのです。以前はそのルールがうまくいっていた、でももうそれは必要ない、だから考えるとモヤッとするのです。

それでもその形を押し通そうとすると、あとから必ずうまくいかなくなります。その「形」は守られたとしても、本音で喜びを感じた方向とはずれたので、最終的な結果から喜びを感じることができないのです。

上記の「執筆の進め方」にしても、頭で考えて「まず章立てをして全体が見えてから書くべき」という形を押し通そうとすると、私の気持ちが乗らない状態が続き、結果的にうまくいかない時期が続きます。

まぎらわしいのは、頭で考えると「こうあるべき」という感覚に基づいた選択は、きちんとしたまともな意見に感じることです。前例があったり、広く社会で認められていたりすることの場合もあります。前例があるので、そちらのほうが説得力があるように感じる……ですが、それが今回も通用するとは限りません。

宇宙からの情報を活用することは、「こうあるべき」という枠を外すことなのです。

男性（女性）はこうあるべき、夫（妻）はこうあるべき、この立場の人はこうあるべき、この物事はこうするべき……などなど。

現状を拓《ひら》く解決策や新しい考え方は、いつも、それまでの常識の枠を超えた外からやってきます。これまでになかったものだから、今までの「こうあるべき」と照らし合わせると違うように感じるのです。つまりこのときも、あなた自身の感覚がガイドになっているのです。

「こうあるべき」というものをすべて否定するわけではありません。

あなたの感覚が、その世界で「こうあるべき」とされていることと一致していようといまいと、単に自分がワクワクしたほうを選び、モヤモヤすることはそれだけの理由で選ばなくていい、ということです。

あなたの感覚が、あなたにとって悪いことを思いつくはずがありません。

ためしにワクワクした感覚の通りに進んでみると、思っていたより簡単にできたり、そんなに難しく考えることはなかったとわかることもあります。前例がないというだけで、実際にやる前から「たぶん無理だろう」と判断しているだけなのです。

忘れないでください、あなたの感覚や感情やふと感じることとしてやってくるものは、あなたにとって悪いようにはならない情報なのです。

人の意見は聞かなくていい？

先に書いた執筆の進め方ひとつをとっても、これまでうまくいっていた形が今回もうまくいくとは限らないことがわかります。

過去にうまくいったものは、もう過去です。それが今回も通用する場合もありますが、しない場合もあります。特にこれからの時代は変化が早く、人々の生活がますます細分化していくので、全員に通用するマニュアルはなくなります。

人からなにかを勧められたときも、それを聞いたときにあなた自身が前向きで高揚した気持ちを感じれば採り入れ、その感覚にならなければ選ぶ必要はないということです。

それにワクワクしないのは、「あなたにとっては向かない」というサインだからです。勧められたこと（もの）自体が悪いのではないので、それを否定する必要はありません。

もちろん、同じことについて、あなたの隣の人は気が動く場合もあります。隣の人とあなたは違う人だからです。

自分の中に明確な判別基準があることに気づくと、とても楽で安心した気持ちになります。他の誰がなにを言っても、大勢がそれを選んでも、自分が少数のほうでも多数のほうでも関係なく、ただ自分がそれについて考えたときの感覚を頼りにすればいいからです。

これはどうしたら？
と思ったら
自分の心に聞く
自分の心に
“まほうの玉”が
できたみたい
誰でも 未来予知
ができる

インターネットによって、あらゆる物事にあらゆる情報が飛び交うようになった現代では、その情報の信ぴょう性が問われます。はじめから情報操作されているものや、自分ではない他の誰かの価値観の上に判断されているものは、あなたにとって噛み合うときもあれば、そうではないときもあって当然です。このときに、**唯一絶対的に信頼できるのは、あなた自身と宇宙とのコネクション**なのです。

どんなに素晴らしい人物からの意見であろうと、それはあくまでその人のものです。このとき、実は相手の経験値やバックグラウンドも関係ありません。まったく人生経験のない小学生からの一言に真実が隠されている、ということも多々あります。これは、「今の自分に必要なことを、その小学生の口を借りて宇宙が自分に見せてくれている」と捉えることができます（あとで詳しく説明しますが、自分の夢や望みをかなえることに引き寄せの法則を使っていくときは、この「まわりのものから情報を受けとる」ということがとても重要になってきます）。

まわりのすべてのことが自分にとって大事な情報を伝えていることに気づくと、たとえば人間関係において「有名な人だからつながる、情報を持っていそうだから仲良くなる」という感覚での人とのつながりは、いっさい必要なくなってきます。

「こういう人物が言っていることだから、話を聞く（聞かない）」「この媒体が載せているから信ぴょう性がある（ない）」という基準ではなく、どれを採り入れるかの判断基準は唯一、自分の気持ちが動いたほう、ということになるのです。

うまくいく方法が人によって違う理由

あなたの感覚は、あなたにだけ通用するガイドなので、あなたはモヤモヤを感じたことに、友達のあの人はまったく違う感覚になるかもしれません。

たとえば、「自分の望みはどんどんまわりの人に話したほうがいい」と言う人もいれば、「まわりには話さず、自分の中で温めたほうがうまくいく」と言う人もいます。

どちらも正解です。前者も後者も、その方法でうまくいった人はその方法が合っていたのです。つまり、それをしているときにワクワクしていたはずです。「ワクワク」まではいかなくても、心地よく、違和感がない状態だったはずなのです。

「望みを言葉にして書き出す」という方法も、自分がその方法にワクワクしたり、気持ちが盛り上がったときにしたりすれば効果がありますが、そうではない状態で無理にそれをしてもそれほど効果は感じられないでしょう。

先人と同じことを目指している場合は、その人の過去の「うまくいったマニュアル」をなぞりたくなるものです。もちろん、方向性や大枠は参考にできますが、それぞれの細かい部分、またはそれ自体を採り入れるかどうかについて、最終的に正しいのはあなた自身の感じ方なのです。

すべてのことについて、あなたがそれを考えたときに前向きな明るい感情が湧けば採り入れていい（効果的）ということ、逆に、どんな理由であってもそこに気持ちが乗らなければ選ばなくていい（または少し様子を見たほうがいい）ということなのです。

頭で判断すると失敗する

先月のこと、私の会社で販売するある新しい商品の発注先を考えていました。

候補にあがっていたのは3社。それに関わっている私以外のほとんどの人が、A社を推しました。ですが、私はどうしてもB社が気になりました。

A社とB社の会社の規模は同じくらい、条件はA社のほうがよく、あがってきたデザインはどちらも甲乙つけがたい……ですからみんなの勧めるようにA社にしてもいいのですが、どうもB社を捨てきれません。

かといって、その程度の理由では押し通す決定打にもなりません、もっと激しく強いワクワクをB社に感じているなら頑張りますが、そこまで強くもない……こういう選択の瞬間は、誰にでもあると思います。結局、どちらにしていいかわからない、というときです。

そこで「必ず答えが出る!」と、私自身が強く思いました。

自分の意識を意図的に強く持ち、そこに引き寄せの法則を働かせるためです。

すると、それからしばらくして必ず答えがやってきます。

このときは、そろそろどちらかに決めなくてはいけないというときに、A社から連絡が入りました。はじめに提案されていた素材の価格が上がり、別の素材を使うことになるかもしれない、ということでした。そうなると仕上がりの質が変わるので、商品自体の雰囲気が変わってしまいます。これによって、B社にする気持ちが固まりました。

今回は時間に余裕があったので、B社を捨てきれなかった理由が待っているうちに自然とわかりましたが、もし理由がわからなくても、はじめの感覚で決断してよかったということです。

このようなことを何度も繰り返すと、**私が主観的に思いついたように感じる自分の感覚や感情、本音の気持ちは、なにかしらの情報を伝えている**ことがわかってきます。

ではこのとき、A社を推した他の人たちの感覚はどうだったかといえば、ほとんどの人は、データと条件を参考にして頭で決めていたのです。

実は、「感覚としてはBだけど、大手のほうが安心だから」という声もあったのです。最終決定権のある私以外は、「なんとなく」の感覚だけで推すのは責任が持てないので当然のことだったでしょう。「感覚としてはBだけど」を押し通すのは、はじめは勇気がいるのです。今回のように、他の部分に差がなかった場合はなおさらです。

ですが、これについても、この数年でだいぶ変わってきたような気がします。

トップだけの意思で大人数が動かなければいけない働き方ではなく、少人数の精鋭部隊が個々に動く仕事の形が増えたので、それぞれの人が自分の感覚で選択できるような決定の場がずいぶん増えたような気がするのです。上記の話も、「感覚だけで選んでいい」とされれば、多くの人がBになにかを感じていたのです。ですが、「責任」とか「失敗」とか「過去の経験」という頭で考えた要素で判断すると、Aにせざるを得なかったのです。

これからの時代は、心の感覚で判断できるようになる人が増えていきます。ワクワクする、心地よい、ホッとする、というような感覚が真実を伝えていることがわかってくるからです。職場や教育、生活の場も、「お給料や肩書などの目に見える基準よりも、自分の心の感覚で判断できる（判断するのを許される）環境を選ぶ」という人が増えていくでしょう。

自分の気持ちがどちらにも傾かないときは？

自分の感覚や感情が大事（判断基準）とわかっていても、AとB、どちらに対しても気持ちに違いがない場合は、「必ず自分の気持ちが決まる（ようなことが起こる）！」と宇宙に宣言してみてください。この宇宙に宣言するとは、「意識を強く持つ」ことと同じです。

すると必ず、あなたの気持ちがどちらかに動くようなことが起こります（先に書いた、商品の発注先についても同じでした)。

AとBに対して、なぜかAの話ばかりが集まってくるとか、まったく違う出来事を経て自分の気持ちが片方に傾くとか、またはまったく新しい第三の方法が出てくる場合もあります。

先月、旅行先の宿泊場所を決めるときもそうでした。

その土地を訪れるたびに利用していたホテルにはキッチンがないので、息子の離乳食を作ることができません。「それならここがオススメ!」と教えてもらった、その近くのコンドミニアムタイプのホテルも、(何人もの知人に勧められたのに)なんだか気持ちが動きませんでした。どちらにも気持ちが動かない、でも他を調べる気もしない……そこで、「そのうち心が決まることが必ず起こる!」と宣言しました。

すると、それから2週間後、久しぶりに会った友人から新しいコンドミニアムを紹介されました。もちろん宿泊先について相談したわけではなく、相手が突然話に出してきたものですが、その宿泊先に決めた場合を想像してみると、他にも気になっていた要素がすべて解決することに気づきました。

まったく新しい第三の選択肢が出てきたのです。

引き寄せの法則のすごいところは、「自分が望むようにオーダーできる」という点です。答えを知りたいと思えば、「答えが見つかる」と宣言すればよいのです。これは「強い意思に引き寄せが働く」という引き寄せの法則を上手に使った方法です。

同じことに対して、感じ方（答え）が変わったときは？

同じことをAさんに言われたときはなにも感じなかったのに、別のタイミングでBさんに言われたときには心が動いた……こういうときも、それこそがあなたにとって必要な情報になります。

つまり、「今このタイミングでそれをするのが効果的」ということです。Aさんにそれを言われたときにそれを選択しても効果的ではなかった、だからあのときは心が動かなかった、ということです。

実際、昨年は「自分は絶対にそれには興味がない」と言い切っていたことに対して、翌年になったらなんとなく興味が出てきた、ということがあります。

人は生身で常に変化しているので、気持ちや状況は変わって当たり前なのです。

ですから、「昨年（前回）はこう思っていたのに、もう変わってしまった」と思う必要はありません。仮にそう思ってモヤモヤしたら、それは間違ったほうへ考えている、というサインです。

常に変化するあなたにベストなことを提供してくれているのが宇宙なので、「今」それに心が反応したのであれば、「今」それをやればいいということになります。思いついた「そのとき」がベストタイミングだからです。

宇宙がどちらを応援しているかを知る方法

モノや事柄を選ぶときだけではなく、どんなふうに考えたらいいかという考え方についても、あなたの感覚は明快な答えを教えてくれています。

なにかを考えたときにうれしくなったりワクワクしたり気持ちが明るくなったりするときは、「そっちに考えて正解！」ということを宇宙が伝えているときです。

逆に、考えてモヤモヤしたり気持ちが沈んだりしたときは、「そっちに考えてはいけない」「そっちに考える必要はない」「あなたは今、間違ったほうへ考えている」ということを伝えています。間違っているというのは、「宇宙の波動とずれている」ということと、「その方向へ考え続けると、そのモヤモヤした状態が形になるよ」ということです。

つまり、考えていて**ネガティブな感情が湧くのは、「私は今、望まないほうへ引き寄せの法則を使い、ネガティブな創造をしている」ということになります。**

たとえば、「自分には○○が欠けている」と思うと憂うつになるのは、「それは宇宙が応援している考え方ではない」ということです。そんなことを考える必要はない、そっちに考えたら欠けている○○が加速するよ、というサインです。

過去のことを思い出して嫌な気分になったら、それも、「そっちに考えるのはなんの意味もなく、マイナスの創造をしていることになるよ」ということです。過去の嫌なことを思い出すと、その影響を受けるのは今（とこれから）の自分です。その気持ちと同じ種類のことを新たに引き寄せるからです。

先に書いた、「昨年はこう思っていたのに、もう変わってしまった（自分は、なんていい加減なんだろう）」と考えて、モヤモヤしたら、「そんな考えは必要ない」ということです。

今の自分の状況に対して「このままでいいのだろうか（なにか変えないといけないのかな）」と考えてモヤモヤしたら、「変えなくていい、今のままで大丈夫」ということです。

同じ状況でも、「今のままでいい（ずっと同じでいい）」と考えてモヤモヤしたら、本当は変わりたいと思っている、変わることにワクワクしていることがわかります。

自分の感じ方、心の本音を注意深く観察するのです。すると、宇宙がどちらを応援しているかがわかります。

不安なことを形にしないためには？

モヤモヤしたり、暗い気持ちになる意味は「そっちに考えるのは間違っているよ（方向を変えたほうがいいよ）」ということを知らせるためなので、**なにかを考えて途中でモヤモ**

ヤしてきたら、その時点ですぐにそれについて考えるのをストップさせることが大切です。

良くも悪くも強く感情が揺れたことには引き寄せる力が強まるので、モヤッとした感覚を深く味わって感情が揺れる前に止めたほうがいい、ということです（逆に、望んでいることは感情が揺さぶられるくらいまで考え続ければいいのです）。

たとえば、トラブルの解決策を考えているとき、はじめはただ解決について考えていたはずが、途中からそれがどうなっていくかという心配だけを心に残してモヤモヤし始めるときがあります。

そのモヤモヤを感じた時点で「考えるのはそこまで！」です。

かなえたいことや望みについてイメージするときも、はじめはワクワクしていたはずが、途中から「そのためにはあれが足りない、これが不十分」と、今足りないことへ意識が向かっていき心がモヤモヤし始めたら、それがサインです。その時点ですぐに「あ、そっちに考えなくていいんだった」と思い出してください。

心がモヤモヤし出したら、考えていたことをすぐにストップして、まったく別の楽しいことに意識を向けてください。

その心配ごと自体を明るく考えるのは難しいので、まったく別の種類のことでかまいません。

自分の好きなこと、楽しみな予定、これまでにあったうれしいこと、未来の望みなど、自分の気持ちが楽しくなることへ意識を向けてください。自分の意識をマイナスのものから急いでそらせる、という感覚です。

そこに意識を向けなくなっただけで、マイナスの創造は止まります。

この数ヶ月、これを強く実感することがありました。

私事ですが、半年ほど前に第一子を出産し、それからしばらくは「自分の時間はいっさいない」というなかなかハードな日々が始まりました。

私が目を離したらどうなってしまうかわからない小さな生命のために、昼も夜も目の前の子供のことだけを見つめている頭には、他のことが入り込むスペースがありません。自分のことも考えられない代わりに、出産前まで頭にあった気になること、心配なこと、仕事上の解決しなくてはいけないことなどもきれいに忘れてしまいました。

すると、そこに心配のエネルギーが向かない（マイナスの創造をしない）ので、しばらく経って気づいたら、気になっていたことのすべてが解決していたのです。

「絶対に私がなんとかしなければ」と思っていたことには別の助けが現れ、解決方法がなさそうに感じたことは意外な形におさまっていました。途中を見ると、私が思っていたのとは違うほうへ進んでいることもありましたが、結論からすると「そっちのほうがよかった、むしろ私が途中でいじっていたらこうはならなかっただろう」という形になっているのです。

心配する、というエネルギーをなくしただけで解決するのです。そこにエネルギーが注がれなくなるので、「こうなってしまったらどうしよう」というマイナスの創造も止まるのです。

ということは、**ややこしい問題であればあるほど考えなくていい、**ということになります。一番望ましいのは、その物事自体が解決するシーンに意識を向けることですが、これはなかなか難しい……考えているうちにいつの間にか心配や不安に意識が向けられていることのほうが多いからです。

ですから、それとはまったく違う楽しいことに意識を向けてみてください。

過去のことでも未来のことでも、たとえば音楽や本などの趣味嗜好でも、人との会話でも、過去のうれしい思い出に浸るでも、未来の新しい計画でもなんでもいい……ポイントは、自分の心をトラブルや悩みとは真逆の楽しい波動にすることなので、どんなことでもあなたが楽しくなれば効果的なのです。

難しい問題が起きたときほど、楽しいことに集中する

引き寄せの法則を熟知している私の友人は、どうしようもないやっかいな問題が起こったときこそ、積極的に友人と旅行に出るようにしています。もちろん一緒にいて大笑いできる人、明るい刺激をもらえる人、人生が面白く感じられる人と一緒に出かけるのです。

その明るい笑いで自分の気持ち（波動）を上げ、そのまま日常に戻れるように、自分の波動を意識的に調整するのです。

Kさんも、自分の経営する会社に未曾有《みぞう》のトラブルが起きたとき、やるべき対処をしたあとは、自分が心地よくなることに集中したといいます。

Kさんにとって、心がワクワクできる楽しいことは、海外にいる友人とチャットで話すことと料理でした。

会社が倒産するかもしれないあるトラブルが起きたとき、すべての対処をしたあと、Kさんはあえてそのふたつの楽しいことに没頭しました。なにもしないでいると絶望的な気分になり、考えるのはやめようと思ってもそれを考えてしまうからでした。

好きなことに没頭しているうちに、Kさんは少しずつ気がまぎれ、たとえわずかな時間でも、そのトラブルに意識が向かない時間ができてきました。

そして、トラブル処理に関わっている社員たちにもそれを実践させたのです。丸1日休みをとらせ、そのトラブルのことはいっさい考えずに自分の好きなことをするように、引き寄せの法則を説明しました。それによって、会社全体の心配のエネルギーがわずかでも減ったことは間違いありません。

結果的に、Kさんの会社ははじめに覚悟した最悪の事態にはならず、そのとき考え得るベストな形におさまったそうです。

「あれほど早くおさまったのは、社内全体がネガティブな創造をしなくなったからだと思う」とKさんは話しています。

流れをよくするために、今すぐするべきこととは？

日頃から、**「自分の気持ちを楽しい状態に持っていく方法」を用意しておく**のがオススメです。たとえば、観るたびに気持ちが高揚する映画、勇気づけられる本、豊かな気持ちになる〇〇、会うだけで明るくなる人……気持ちがモヤモヤしてきたら、すぐにそれを実行して気持ちを整えるのです。

引き寄せの法則を理解している人は、これを本当に徹底しています。自分の気持ちが不安や心配などに向けられたり、すぐに解決できないことをいつまでも頭に留めてモヤモヤし始めたら、目の前のことを中断してでも気持ちが上がることを始めるのです。

私にも、「ここを歩くと絶対的にいい気分になる」というエリアがあります。そこを歩き、その並びのカフェでコーヒーを買うだけで、気持ちのいい波動に戻れるのです。

もうひとつ、私にとって絶対的に気持ちを上げるのに効果的なのは、**引き寄せの法則をじっくりと思い出すこと**です。

つまり、「今、この瞬間の波動が未来を創っている」ということを思い出す……「だから私自身をワクワクさせて楽しませるのは、抱えているあの問題にとっても他のすべてにとってもプラスである」ということを理屈で思い出すのです。

「私自身がワクワクすることと、あの問題はつながっていて、大きく広げた1枚のハンカチのように、一部が上がれば沈んでいる一部も引っ張り上げられる。だから今、私の気持ちが楽しくなることをとことんやっていい」

そう納得した上で自分の好きなことをするのと、理由がわからずただ楽しいことをするのとでは効果がまったく違います。後者だと、「こんなことをしていて（遊んでいて）大丈夫だろうか」という気持ちが出てくるからです。

このように分析してみるとわかることですが、「モヤモヤしたことは考えなくていい」とか、「いつも自分の気持ちをワクワクさせておく」というのは、ただ感情のままに動いてなにも考えずに気ままに暮らす、というようなことではないことがわかります。

むしろ、頭で考えて理屈で納得しているからこそ、安心して感情のままに選べるのです。

過去の失敗に意識が向いてしまうときは？

「それ」がうまくいかなかった経験が過去にあると、同じような状況がやってくるたびに、「前回と同じ結果になってしまうのでは？」と考えてしまう人がいるはずです。前回の経験があるために、「それとは関係ない楽しいことに意識を向ける」ということができないのです。

そういうときは、現在のその状況から始めて、自分の気持ちがすっかり明るくなるところまで意識を少しずつシフトさせていくことが効果的です。

たとえば、あなたに、「あと一歩のところで自分の望んでいる状況にならなかった」という過去の体験があるとします。仕事上のことでも、恋愛や結婚にまつわることでも、なんでもかまいません。

そして、今、またそれと同じような状況がやってきました。

あなたは、「また前回と同じようになってしまったらどうしよう」とモヤモヤしています。

ここでよく考えてみると、「あと一歩のところで望んでいる状況を逃す」というのは誰にでも起こり得ることです。そんな嫌な状況が来るかもしれないと想像したら誰でも怖くなるかもしれませんが、その点、あなたはすでに一度経験しているので、「経験したことのないことが襲ってくる」という恐怖はありません（どんなことでも、経験のない未知のものに人は恐れを感じるのです）。

そして、前回それを経験したのは、今回はもう繰り返さないためなのです。その証拠に「そっちに考えるとモヤモヤしてきた」という自分の感じ方に、今回は気づくことができています。「そっちに考える必要はない」という対策がわかっているので、今回は違う結果になるのです。

ポイントはここです。前回と今回の違う点は、「引き寄せの法則を理解している」ということです。**引き寄せの法則を理解しているから、もうそれは起こらないのです。それを理解するために前回の経験があったのです。**

これで、「あの経験はマイナスではなかった」ということはわかったので、今度はもっとワクワクしたほうへ意識を向けていきます。

目の前のそれがうまくいったら……すっごくうれしい。

それを思うと……ワクワクしてくる。

今回はうまくいって本当によかった。

うまくいったら次はなにをしようか。

これからどんな展開が待っているのだろう……。

など、それが実現したときに感じるだろうワクワクした気持ちで心がいっぱいになるまで、その状況をイメージしていきます。

実現したときのワクワクのほうが、過去の経験の記憶よりも多くなってくるまで続けます。

それが上手にできているかは、自分の気持ちを観察してください。今の状態に対して「これからどんな展開をしていくのだろう♪」と先が楽しみな気持ちになっていれば、もう過去のことは繰り返されません。

このプロセスを経験すると、同じ状況に対して、感じ方を変えただけでどれほど印象が違うかわかるでしょう。

はじめは、過去と同じことをもう一度繰り返す流れがやってきたように感じていたかもしれませんが、今では「これがどんな展開をしていくのだろう」というワクワクした状況になっているのです。

不安を感じているものに対して、いきなり180度気持ちを転換させて、それ自体が成功することだけをイメージしようとするのではなく、不安な状態から始めて、自分が納得するように少しずつ思考を移していけばいいのです。

なによりもわかりやすいのは、前回と今回では「引き寄せの法則を理解している」という圧倒的な違いがあることです。自分の望まないことに関心を寄せる必要はない、とわかっているので、もう同じことは起きないのです。

自分の気持ちを観察するだけで、人生に起こることが変わる

自分が意識を向けたことが現実に現れてくる、ということを何度か体験すると、日常生活で自分の思考を観察できるようになります。今、自分はなにに意識が向いているか、ど

んな感情になっているか。

もし、自分の思考を観察しないで、ただ目の前に現れることを漫然と心に入れて流していると、まわりのあらゆるものに影響を受けるので、それぞれに関係あるものを少しずつ引き寄せるため、なにが原因でそれが起こっているのかもわからず、すべては偶発的で自分の人生が手に負えないものに感じてきます。

たとえば、ほんの一瞬、夢や望みについて考えたために、しばらく経って夢や望みに関係あることが引き寄せられてきたと思ったら、今度は不満や望まないことに焦点をあてていた時間もあったので、不満や望まないことがやってきたり、人の話に影響を受けたことが混ざっていたり、テレビを見て興味を持ったことがやってきたり、漠然と不安になったことが形になったりして……なにを引き寄せているのかわからなくなり、本当はすべてを自分が引き寄せているという実感もなくなります。

ですが、**自分の思考や感情を観察するようになると、自分の人生を自分で創造している感覚になります。**明るい気持ちであれば明るい事柄が引き寄せられてくるのでわかりやすく、逆に自分がモヤッとしていることに気づいたら楽しいことへ意識を向ける必要がある、とわかります。

意識を向ける方向を変えれば、マイナスの創造は止まります。すると、ただ意識を野放しにしていたときより、起こることが確実に変わってきているのを感じることができます。自分の気持ち（思考、意識）を観察するだけで、人生に起こることが変わってくるのです。

そしてこの創造の力を、もっと前向きなことに使いたくなってくる……つまり、自分の望みや思いを積極的に形にする方向へ使いたくなるのです。

第2章

引き寄せの力を効果的に使おう

どんな望みでも現実にできる

望みを明確にして焦点を定める

自分が考える方向を意識的にしっかりと定めれば、誰でも引き寄せの力をはっきりと感じられるようになります。**前向きな引き寄せを実感するには、まず、自分の望みを明確にすることです。望みとは、自分の人生で経験したいこと、**です。

まわりの人からの期待や要求、世間の目、他人との比較ではなく、現在の年齢や能力にも関係なく、ただ「自分が自分の人生で経験したいこと」を思い浮かべます（はじめは紙に書き出してみるのも効果的です）。

その望みは、大きなものでも小さなものでも、どんな種類のことでも、いくつあってもかまいません。

その望みが大きいか小さいかという基準は人間が決めていることで、引き寄せの法則からすれば、あなたがそれを心から望んで意識を向け続けるのであれば、どんな種類のことでも引き寄せるからです。

今の自分に実現できる可能性があるかないかも関係ありません。そのような**余計なことはいっさい考えなくてよく、ただあなたが今後の自分の人生で体験したいことに素直に焦点を当てればいい**のです。

極端なことを言えば、私が今から「野球選手になりたい」と思っても引き寄せられます。ただそれには「野球選手」という状況に私が本気でワクワクし、そこを楽しく思い続ける必要があります（ですから可能性としてはとても低いということになりますよね……）。

感情が大きく揺れたときに引き寄せの力は強まるので、素直な心で本音で望んでいることが一番力が強いということになります。

「人としての高尚な望み」と「物欲」とでは、どちらがかないやすいか？

「人として質の高い高尚な望み」と「物欲的な望み」では、たしかにエネルギーの違いはあります。ですが、「高尚なものだからかないやすい、物になるとかなわない」ということはなく、「意識を向けたことが形になる」というだけです。

実はここにも引き寄せの法則が働いているのです。「高尚な望みはかなって、物欲はかないにくい」と思っている人はそうなるし、「これは小さいから簡単だけど、あれは大きいから難しい」と思っている人はそうなる、というだけです。

なにかを望むときには、いつもその「動機」が関係してきます。

たとえば、形としては「人として高尚なこと」を願っていても、動機が自己顕示欲であったり、なにかの意図やパフォーマンスが目的であったり、他者との競争の上に成り立っているものであれば、その思惑も一緒に引き寄せるのです。それと同じことを自分自身も体験することになります。

一方、「〇〇が欲しい」という「ただの物欲」であっても、それによって自分が感じられる豊かな気持ち、それによって自分の人生が活発になる感覚、純粋にその「物」に惚《ほ》れる気持ちなど、その物のエネルギーを楽しんでワクワクしているのであれば、後者のほうがよっぽど動機は純粋です。

そもそも、**純粋だから良い悪いではなく、その人が発している思い（波動）と同じものを引き寄せる、だから、それへの動機が重要**なのです。

ですから、今のあなたが「心から望むもの」であれば、それが環境だろうと、物だろうと、崇高なものだろうと、そうではないものだろうと同じです。

素直に心躍る対象が、一番力強く引き寄せの力を発揮します。

「良いことと引き換えに悪いことが起きる」は間違い

すでになんでも充分にそろっている人（とまわりから見える人）が、それよりさらに様々なことを望むのも、その人の自由です。

今がどれほど満たされていても、その人がそれを体験することによってさらに前向きな素晴らしい気持ちになるのであれば、それは経験する価値のあることです。

その体験によって、その人のワクワクした気持ちがさらに高まり、ますます人生を楽しむようになって、すべてを肯定的に捉える愛のエネルギーでいっぱいになれば、それだけ

でまわりのなにかを救うことにつながります。その人自身の引き寄せの結果を見て、まわりの人が自分自身の経験したいことに意識を向けるようになれば、誰もが自分の力で幸せになれることを助けていることにもなります。

ここでも動機が関係してきます。

もし、すべてを充分に持っている人が、歪《ゆが》んだ金銭欲や名誉欲など、ネガティブな思惑だけからくる○○欲でなにかを望めば、形はかなえられても、そこで発したエネルギーも必ず自分自身に引き寄せます。たとえ他人にはわからなくても、本人はそれ相応の事柄や思いを必ず経験することになります。

ですが、同じように充分な名誉や金銭的余裕のある人でも、ネガティブなエネルギーではなく純粋に「それ」を思ってワクワクしているのであれば、「それ」を手にしてもネガティブな事柄は起こりません。

ここが誤解されやすいところですが、**「金銭的に豊かな人は、それと引き換えに、それ相応の嫌な思いも経験している」というのは間違い**です。

その人自身の波動（エネルギー）に相応のものを引き寄せているだけなので、「そういう人もいれば、そうではない人もいる」ということです。金銭的に豊かで、ネガティブなものとはまったく無縁に人生を楽しんでいる人たちもたくさんいて当然です。逆に、金銭的には豊かではない人の中にも、心豊かに人生を楽しんでいる人もいればそうではない人もいる、ということです。

ですから、今の自分にはないものに対して、本当はそれを望んでいるのに「それが実現したら嫌な思いもするかもしれないから必要ない」とするのは、自分の希望を抑えたり我慢をしたり、それがない今の状況を無意識に納得させるためにそう思っているのかもしれません。

引き寄せの法則は、あなたにとってよいように（ある意味、都合がいいように）思っていいのです。その望みも実現し、なおかつ、心豊かで穏やかに人生を楽しめるように望めばいいのです。

引き寄せの法則は、「良いことが起きたら、今度はそれと同じだけの悪いことが起こる」というような、バランスをとる仕組みではありません。

人生で経験したいことに焦点を当て、純粋にそれを楽しんでいる人たちは、その高まった幸せな波動（エネルギー）でまわりの物事すべてに接するので、良いことと引き換えのように悪いことが起こることもないのです。

（第1作目の『あなたは絶対！運がいい』で、精神レベルとまわりに起こる物事の関係について書きました。前述のような人は、まさに精神レベルが高い人です。

つまり、起こる物事がいつも幸せにあふれ、感謝が絶えず、その上で常に新しく自分がワクワクできることを望んでいる、欲している、という状態です）

「比較的恵まれているから、これ以上思ってはいけない」のでは？
――望む自分をうしろめたく思う必要はない

本当は望んでいることがあるのに「これ以上望んではいけないのではないか」と感じるのは、新しいことを望んでいる自分を正当化したいときです。

その望みが自分にはふさわしくないのでは？　と感じていたり、前述のように、これ以上望んでは罰が当たるのではないか、と思っていたり、これだけ頑張ればご褒美《ほうび》のように与えられる、という感覚になっている人もいます。

それはたとえば、自分の作品を完成させた芸術家（アーティスト）が、自分で心からそれに満足しても、しばらくするとまた新しい挑戦や創作意欲が湧いてくる、このときに、「このさらなる喜びを求める気持ちは、今の自分に分不相応なのではないか？」と思うような滑稽《こっけい》さに似ています。

なにかを望むのは自然なことなのです。

精神レベルの高い人たちは、「今」に充分に満足しながら（＝感謝しながら）、いつも喜びを感じる新しい事柄に焦点を定めています。それによって自分の波動が高まれば、その状態でまわりを幸せにすることができるからです。

もし、あなたのまわりで、なにかを望んだために残念な結果になった人を見たことがあるならば（それがあなたのトラウマになっているならば）、あなたが望んでいる部分だけがかなうようにイメージすればいいのです。つまり、望んでいないことには意識を向けないことです。

「比較的恵まれているから～」というのは、他人との比較です。

「これだけそろっている自分は、あの人より恵まれている、だからこれ以上思ってはいけない」……あなたから見てそろっていないように見えるあの人が、あなたより不幸だとどうしてわかるのでしょうか？　人の幸せを目に見える状況だけで判断している証拠です。

充分な経済的余裕と社会的立場がある〇〇さんより、それらはまったくない□□さんのほうが実際にずっと幸せを感じて暮らしている、ということはよくあります。

「それぞれの状態に幸せがある、幸せは本人の感じ方次第」と理解していると、他人と比較して「自分は恵まれている」という感覚はあまり意味がなくなります。また、その基準をどこに置くかによっても答えは変わります。

もし、自分よりたっぷりと恵まれている人がまわりにたくさんいれば、「もっと望んでもいい」と思うのでしょうか？　そうであれば、その人の幸せは永遠に人との比較です。

幸せを感じながら次々と思いを実現していく心豊かな人たち（精神レベルの高い人たち）は、日常の小さな望みがかなうだけで大喜びをしています。私から見ても大げさなほど、その幸せの余韻に浸ります。

そして、その幸せいっぱいの状態にありながら、常にこの世にある自分の知らなかった

「素晴らしいもの」を見つけてワクワクしています。その姿自体が、まわりの人を巻き込んで幸せにしているのです。

ですから、新しいなにかを望む自分を正当化する必要はありません。

まわりの人の幸せのためにも、まずあなたが幸せになっていいのです。

「人の役に立ちたい」という思い方の落とし穴

人の役に立ちたい、という思いは誰でも心の底にあるものです。

このとき、「自分を犠牲にしても役に立ちたい」というエネルギーでそれを思えば、「自分を犠牲にする」という部分も思い通りに引き寄せます。

一番望ましいのは、どこにも犠牲がなく、自分も豊かで人の役にも立ち、相手も豊かになること……つまり、**「人の役に立つ」という望みを持つときに、「自分を犠牲にしても」という余計な条件は必要ない**のです。

（さらに言うと、本来、誰もが心に持っている「人の役に立ちたい」という思いを必要以上に強く感じるとき、「他人に必要とされないと喜びを感じられない」という残念な状態に陥りやすくなります。本来、人はそのままで完全な素晴らしい存在なので、他人に承認されなくても、（極端なことを言えば）たったひとりでも喜びを感じられる存在です。

一見、素晴らしいことを言っているようで、結局「他人に幸せにしてもらう」という段階を抜け出していない場合もあるのです）

その人が情熱を燃やしてワクワクと取り組んでいることは、どんなことでもどこかで人の助けになっています。

たとえば、庭の花壇を精魂込めて手入れすることに情熱を傾けている人は、その花が誰かの癒しになっているし、その人の楽しそうな様子が他の人をハッとさせるかもしれません。

世界を旅するのが好きで、様々な国の情報を旅行のツアーにして提供している友人と話していると、その国の情報だけがまわりの役に立っているのではなく、「自分も好きな場所へ行こう」という誰かの背中を押していることがよくわかります。

彫刻に没頭している友人の姿は、それだけでこちらを真摯《しんし》な気持ちにさせるし、数字的な「お金」を追っている人でさえ、数字のからくりをワクワクして語ってくれると、こちらもワクワクして活性化します。

どんな作業でも、その人自身が心からワクワクして取り組んでいることは、まわりの人を活性化するので社会に貢献することになります。直接体を触れ合って支えることだけが人助けではないし、法律やインフラを整備したりすることだけが社会を変えているわけではありません。「それ」をする人は、「それ」にワクワクしているから、それだけで人助けや社会貢献をしているのです。

（ところが、これまでの時代は、その作業をする動機が純粋な「ワクワク」ではなく、それへの名誉欲や金銭欲である人が多い時代でした。これからの時代は、各人がそれぞれの心地よさを目指すようになるので、「それをするのは、ただワクワクするから」という理由で仕事を選ぶ人が増えてくると思います）

ですから「人の役に立ちたい」という思いがまず一番に出てくる人は、余計に、自分が情熱を傾けられる好きなことを探す必要があります。

そして、「自分がワクワクして、その結果、人の役に立つ」という状態をイメージすればいいことになります。あなたが望んでいる通りの状態を思えばいいのです。

誰かを貶《おとし》めたり、嫌な思いをさせる望みは引き寄せられるか？

ここで重要なのは、それが「意図的かどうか」ということです。意図的に誰かを傷つける場面をイメージしたり、または行動に移したりすれば、その波動は必ず自分に返ってきます。俗に言う「因果応報」です。

私たち自身が波動そのものなので、イメージしたことだろうと、実際に行動に起こしたことだろうと、発している波動に応じたものが返ってくるのです。

引き寄せの法則が働く対象相手は常に自分です。ですから、他人に対してそれをイメージしても、その形を引き寄せて体験するのはその人自身ということになるのです。

対象相手から返ってくることはなくても、同等の経験を別のところですることになります。

もし、あなたの行動が意図的ではなく、「結果的に」誰かを傷つけることになった場合、それはあなたではなく相手の問題です。あなたが意図的に行動したのではない限り、「傷つく」という選択をしているのは相手だからです。

あとで詳しく説明しますが、その人がいつでも自分の望むこと（自分の経験したいこと）だけに意識を向けていれば、意図的にされたのではないその状態を「傷ついた（傷つけられた）」というようには受け取りません。

逆に言えば、どんな状態でも「傷ついた（傷つけられた）」と受けとめる人はいるということです。それはあなたの行動が原因なのではなく、その人が「傷ついた（傷つけられた）」という状態を自分で選択しているからです。

残念なイメージの仕方
――ただあなたが強く長く意識を向けていることだけが形になる

これまでのことをまとめると、**望みをイメージするときに「余計な思い」は必要ないこ**

とがわかります。妙な遠慮や罪悪感、歪んだ（過剰な）謙遜《けんそん》などは必要ないのです。

また、それがかなった先に起こり得る「不都合なこと」にも意識を向ける必要はありません。

たとえば、「それがかなったら嫉妬《しっと》されてしまうかもしれない」とか「AがかなったらBはあきらめなくてはいけないかもしれない」というような、「こんなことが起こり得る……」という状況も（あなたがそうなりたいなら考えればいいですが）、望まないのであれば考える必要はないのです。

そう思うのが「良いか悪いか」という道徳的な観点で引き寄せるかどうかが決まるのではなく、ただあなたが強く長く意識を向けていることが形になる……たとえば、Aという状態を望むときに、「あの人を引きずりおろしてAになろう」とか「～に負けないようにAになろう」「自分のなにかを誇示するためにAになろう」というような「Aに関係ない思い」を持てば、それも合わせて体験することになります。

引き寄せの法則が働く対象は常に自分なので、相手に対して「引きずりおろしたい」と思っても、その事柄を体験するのは自分です。

「～に負けないように」と思っていれば、いつも競争しなくてはならない状況を引き寄せることになります。

素直に、単純に、それを考えるとワクワクすること、あなたがこれからの自分の人生に経験したい事柄だけを考えればいいのです。

ワクワクできるようにイメージしなければ意味がない

前向きな引き寄せをしっかりと感じるために、自分の望みがはっきりしたら、その望みの素晴らしいと思う部分、考えるとワクワクしてくる部分だけに意識を向けます。

たとえば、「1年に〇回以上、プライベートな海外旅行をする」という内容であれば、旅行の準備をしている自分、フライトを楽しんでいる姿、行きたいと思う国、向こうでやりたいことなど、それにまつわる楽しいことを考えます。

より具体的な内容のほうがいいでしょう。たとえば「家族と楽しく暮らす」というとき、「どんなふうに楽しく暮らすのか」を考えたほうがイメージしやすくなります。

数字的なものを追う場合も、それによってなにを享受したいのかを考えたほうが、よりワクワクしてきます。

そして、「どうしてそれを欲するか」という理由も考えます。

おそらくそのほとんどは、「それによって自分や○○が幸せになって、人生を豊かに味わいたいから」ということに行き着くはずです。あなたが今よりもっと人生を豊かに味わい深く感じるのであれば、それはあなたが経験する価値のあることです。

この作業の目的は、あなたの気持ち（波動）をワクワクさせるためなので、思い浮かべる映像の「内容」は問題ではなく、「あなたがワクワクできるように思う」ということが重要です。ですから方法はなんでもいい……それがかなったところを想像したり、それに関係あることを考えたりしながら、**どうすれば自分の気持ちが盛り上がるかを探す**のです。

同じような望みの内容でも、イメージしてワクワクする場面は人によって違います。

AさんとBさんはどちらも「南の島でホテルを経営したい」と望んでいましたが、Aさんにとって思い浮かべてワクワクする場面は、「夕日に向かったレストランにたくさんのお客さまが集《つど》っている場面」であり、Bさんにとっては、「真っ青な海に面したプールサイドに自分の両親を呼ぶ場面」でした。
なにが今の自分にとって心躍る場面か、じっくりと丁寧に思い浮かべるのです。

本当に効果的なイメージングとは？

実は、本当に効果的なイメージングというのは、思っているほど簡単ではありません……正確に言うと、思っているよりずっと奥が深いのです。あなたの気持ちを真にワクワクさせるイメージングができると、驚くほど効果を発揮します。

あなたが思い浮かべたその場面に「あなた自身の気持ちが本当に乗っているか」……これが引き寄せる力の強さを左右します。

以前、私があることをイメージしていたときに、形としては「それが実現している状態」をしっかりと思い浮かべていたのですが、あるとき、「これは形式的に思い浮かべているだけで、私がワクワクできていない……」と気づいたことがありました。

望み自体は本音ですが、思い浮かべているその場面に私がしっくりきていないのです。とりあえずそれがかなったときの「形」をイメージしているだけで、「できているつもり」になっている、ワクワクすることが目的なのにそれが抜けているのです。

そこで、一度すべての映像をリセットして、どんな場面になると私の気持ちが一番心地よく盛り上がるかをゆっくりと探してみました。

すると、しばらくして、これまでとは違う新しい場面が浮かびました。

そして、それが浮かんだときに、「そうだ！　これだ！」というような新しい心の高まりがあったのです。無性にワクワクしてきて、思わず「ニヤリ」としてしまいました。実際にそうなることが実感できて、思わずにやけてしまったのです。

「ニヤリ」とできたその状態から前を振り返ると、それまで考えていた場面は形だけだったとわかりました。「その望みを聞けば、誰もが思いつきそうな普通の場面」でしかなかったのです。

効果的なイメージが浮かぶと、自分が無性にワクワクしてくるからすぐにわかります。

どんなふうに思い浮かべると思わず「ニヤリ」とするか、それが見つかるまでジーッと自分の心を探って映像を固めるのが、このイメージングの段階です。

これが固まると、スピーディーに引き寄せが始まるのです。

今、私の中で、このニヤリとした状態で引き寄せを待っていること（実験）がひとつあります。数週間前、それについて「ニヤリ」とする場面が固まった数日後、すぐに変化が起こりました。

私が望んでいることに関係ある人と、外でバッタリ出会ったのです。面識のない人なので、「会った」というより「見かけた」のですが、そんなことは今まで一度もなかったことでした。その人がそのエリアに住んでいることは知っていたし、私も日頃からよく行く場所でしたが、過去数年、一度も見かけたことすらなかったのです。

そこで、「もしもう一度バッタリ会ったら、次は話しかけてみよう」と決めた2日後、同じ場所でまた会ってしまいました。このときは喜ぶというよりも、「どうしよう、会っちゃった、じゃあ話しかけなくちゃ」という感覚になりましたが、先方は他の人たちと一緒で離れていたので、私が近づかないと話しかけることはできません。

この状態で話しかけるのは気が進まない……気が進まないということは「しなくていい」ということです。

そこで次は、「自然に話しかけられる状態で出会う！」と決めました。

引き寄せの法則のありがたいのはこういうところです。どうしたいかという場面設定すらできるからです。

次の「バッタリ」はまだ起きていませんが、少なくとも「そこ」に意識を向けて、「ニヤリ」とできる場面をはっきりと見た途端、これまで起きたことのないことが起き始めた……それ自体にワクワクしてしまいます。

これが今後、どのような展開をするか、楽しみにしているところです。

どこまで細かくイメージするのが効果的か

望みの内容によっては、細部がはっきりわからないことがありますが、このときも自分の感覚をガイドにしてください。

細かく考えようとするとわからなくなってモヤモヤしてくる、と思ったら、それ以上は細かく考えなくていいということです。細かく考えて楽しくなる人はそれでよく、そうではない人は、考えてワクワクするところまでが一番効果的です。

私にも、「いずれこうしたい（こうしよう）」と思っている望みがあります（これを仮に「秘密の宝箱計画」と呼びます（笑））。

その計画がはじめて浮かんだとき、その内容は今よりずっと曖昧《あいまい》でした。方向性と輪郭《りんかく》はありましたが内容はぼんやりしていて、参考や見本にしたい「理想的な形」もなかったのです。あっちもいいし、こっちもいい、あの形も悪くないし、このスタイルも意外と好

き……。すると、その曖昧さに忠実に引き寄せが起こり始めます。私の意識が向いている
あっちもこっちもいっぺんに引き寄せてきたのです。

そこで、「私の望んでいる形が必ず見つかる！」と強い意識を持ちました（宇宙に宣言しました）。そこに引き寄せの法則を働かせるためです。

すると、しばらく経って、久しぶりの知人から「どうしても会って欲しい人がいる」と連絡がありました。

会ってみると、その人は私のまわりにはいない生活スタイルをしている人でした。まるで私の「秘密の宝箱」をのぞいてきたかのように、私の望んでいるスタイルをすでに実践している人だったのです。

ですが、詳しく知っていくと、当然ながら「合っているところと違うところ」が見えてきます。「この部分は私の望みを形にしているけれど、ここは違う（お互いの望んでいる方向が違うな）」とわかってくる……つまり、相手のスタイル（形）を見せられることで、自分の望みがはっきりしていったのです。

思い返すと、あの時期は「様々なスタイルで生きている人たち」と本当によく出会いました。まるで「宇宙」に生き方のサンプルを見せられて、「あなたのやりたいことはどれ？」

と言われているような感覚でした。

実際にそうなのでしょう。私が「望んでいる形を見つける！」と宇宙に宣言して強い意識を持ったので、宇宙はそれに沿ういろいろな形を見せてくれたのです。

これが何度か繰り返されて自分の望みの詳細が見えてくると、イメージも明確になるので、以前よりピッタリ合った人や事柄を引き寄せるようになります。
それは毎日のように引き寄せられてくる事柄の中から、自分好みの部分だけを拾い集めて、望んでいるものをはっきりさせていく期間でした（それも「秘密の宝箱」という名前

にふさわしいような気がしていました）。

そして、私の思いと完全に一致したモデルがいるはずはなく、それは私自身だということもわかってきます。だからこそ、私がそれをやる意味がある……どんなことでも、その人がそれを思いつく意味（役目）がある、ということです。

それぞれの人が、他に同じものがいるはずのない「その人の形」を体現することが、この世に生まれてきた役目……これがわかってくると、「その望みを実現させる意味はあるか」とか「それを望むのは分不相応か」という問い自体に意味がなくなってきます。ただ、自分が興味のある好きなことを追えばいい、ということになるからです。

そして、それは他に同じものなどあるはずがありません。世界中であなただけのオリジナルなのです。

話を戻しますが、つまりイメージを始めた段階で細部がわからなくても問題はありません。モヤモヤしてきたらそれ以上つきつめなくていいのです。

そして「そのうちはっきりと形が決まる」という明確な意思を持っていれば、それに関係あることが引き寄せられるようになります。

自分の望みがわからないときは？
――人生をオーダーメイドする

自分の望みがわからないときは、「自分の望んでいることを知りたい」「望んでいることを知ろう」とはっきり決めてそれを宇宙に宣言すればいいのです。その意識でまわりを眺めると、上記のような方法で、あなたの望みに関係あることが集まってきます。

その中から、自分の好きなことをピックアップしていきます。

これはかなり楽しい作業です。すでにいろいろなことをしてくれている世界中の人から、自分の好きなところだけを集めていいのです。オーダーメイド、完全自分オリジナルのシナリオを作る作業です。もし、まったく違うと感じるものがやってきたら、「こういうものは望んでいない」と、改めて自分の好みがはっきりするだけです。

「人生をオーダーメイドする」……「人生」という大きなテーマになった途端に難しく感

じたとしても、たとえば「お好みのカフェはどこですか?」と聞かれたとしたら、あなたは答えることができるはずです。行ったことのあるカフェの中からぴったりの場所があればそこでいいし、まだ見つかっていなければ、「このカフェのこの部分と、あのカフェのあの部分が合わさったようなところ」と想像の中でミックスして話すでしょう。

それとまったく同じです。自分が経験したいことをピックアップして自分の人生をオーダーしていくとても楽しい作業です。

カフェのことを聞かれたときに、今の自分にそれができるか、他の人と比べてどうか、などとは考えないはずです。ただ、自分の好みを話しているだけだからです。

だから、**それができるかできないか、それをするべきか、しないほうがいいか、ではなく、それを経験したいかしたくないかだけで決めていい**のです。

考えてみると、自分の想像の世界は自由です。誰かに説明しなければいけないわけでもないし、見られる心配もありません。そして、「想像」と「創造」が同じ音だということが、すべてを物語っていると思うのです。想像したことは創造できるということ、想像したことはすでに(未来で)創造されている、ということです。

未来が変わる瞬間
――「想像」したことは、必ず「創造」できる

今、ここであなたがなにかを思う（想像する）と、その瞬間、未来にそうなる可能性が造られ（創造され）ます。

Nさんは、アジアのある国に素敵な別荘を持っていました。外国人のNさんが、そのエリアに物件を持つのは難しいことだそうですが、Nさんは自分の素直な望みに意識を向け続け、結果的にその土地を購入する縁を引き寄せ、現地でも人気の高い土地に家を建てることができました。

10年近く経って、Nさんは自分の別荘の裏の土地も欲しいと思い始めました。もともとNさんの土地は裏の土地とひとつの区画だったそうですが、なぜかそこだけが分割して売りに出され……だからこそ、当時Nさんも購入することができたのです。

これまで、裏の家に人が出入りしているのを一度も見たことがなかったことと、所有者が老夫婦であったことから、「もしかしたら空くこともあるかもしれない」とNさんは思い始めました。そして、再びその素直な気持ちに意識を向け、裏の土地を手に入れることから想像できる幸せな感覚をイメージしました。

すると、それから数週間後（次に別荘に行ったときに）、裏の家に人が出入りしているのを見かけました。子供の声も聞こえてきます。

これを見てNさんの家族は、「使っている人がいるなら無理だね」と言いました。「老夫婦の息子や孫たちが使い出したから、もう当分、縁はないだろう……」

ところが、Nさん自身は、「自分がその土地のことを考え始めた途端、これまで一度も会ったことのない人たちが出てきた（これまでにない動きが起きている！）」と捉えました。

そして、さっそくその家の人たちと挨拶を交わしたのです。

先に書いた、私が「ニヤリ」とできる場面を考え始めた途端、「それ」に関係ある人とはじめて会った、という話と似ています。

自分が「それ」に意識を向け始めたら、これまで一度もなかったことが起こり始めた……「それ」が実現する新しい未来がひとつ作られたからです。

目の前に起きている「これまでになかった新しい動き」は、その未来の新しい世界から伸びてきている末端です。それをたどっていくと、先は望みにつながっているのです。

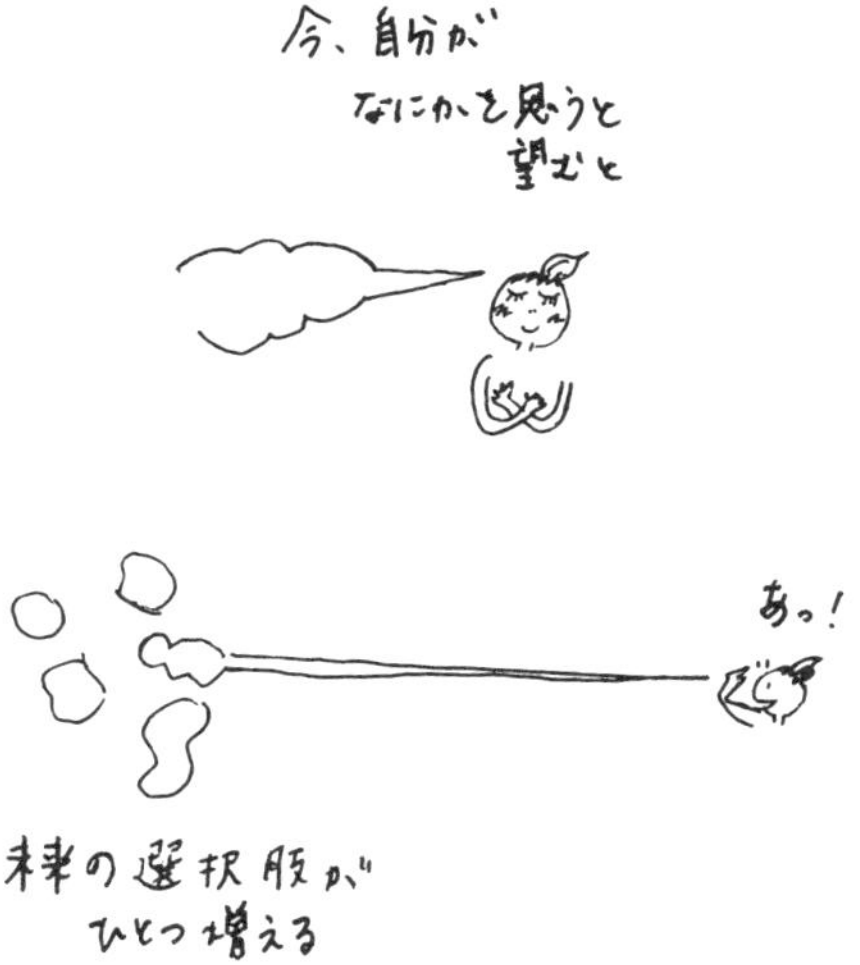

望みがかなう時期、方法は、どこまで具体的に考えたほうがいいか？

望みをイメージ（想像）しているとき、それがかなう時期やかなえる方法に意識が向いて、その途端にモヤモヤし始めたら、それについて考える必要はありません。

このときも、あなた自身の感覚、感情、本音の感じ方がガイドです。

人によっては、かなえるための方法を考えるとワクワクする人もいれば、そこを考えると憂うつな気持ちになったり、不安になったりする人もいます。前向きな明るい気持ちになる人は考えていいし、そうならない人は「そこから始めなくていい、別の方向から進めばいい」というサインです。時期についても同じです。ある程度時期を決めたほうが現実味が増すという人は決めればよく、決めると焦る、という人は決めなければいいのです。

今の自分に足りないことや、望んでいることのあまりのハードルの高さを思って心がモヤモヤしてきたら、それも「そっちに考える必要はない」というサインです。

同じことを過去にトライしてうまくいかなかった経験や、「今からでは遅い、時間がない、もっとこうすればよかった」というような反省や後悔も、それを考えてワクワクするならいいですが、**モヤモヤしてきたら間違った方向に考え始めている、というサイン**です。

とにかくいつも、それを考え始めたときの自分の感じ方を観察してください。

そしてモヤモヤを感じ始めたら、すぐに意識の向かう先を変えてください。**望みの中で、今の自分がよい気持ちになるところだけを思えばいい**のです。

イメージをする内容のマニュアルはなく、いつも「自分が気持ちよくなる考え方を目指す」という感覚です。方法や時期についても、あなたが心地よくなる程度に考えればいいのです。

行動することよりも大事なこと
――動き出す前に確かめて！

イメージして引き寄せる過程で一番重要なのは、実はこのはじめのイメージングです。

イメージがしっかりと定まって気持ちが乗っていれば、あとは待っているだけで引き寄せられてくるのです。

とかく「行動が大事」「動かなければなにも始まらない」とされますが（それもある場面では事実なのですが）、**行動するのは、望みへのワクワクした気持ちが固まったあとです。気持ちが定まっていないのに、「とにかく行動」とやみくもに動くと、そのときの焦った感覚を引き寄せることになるから**です。

たとえば、転職を考えているとき、その理由が「現在の職場がひどい状況だから」というものだとします。「ひどいもの」に意識が向いた状態のまま動き始めると、移った先でも同じような状況になりやすくなります。

このとき、その人の思考は「今の会社の状況から逃げたい、避けたい、もっとよい環境のところへいきたい」となっているはずです。つまり、新しい職場のことを考えてワクワクする気持ちよりも、「今がつらい」という気持ちの量のほうが多いのです。

この状態で動き始めると、多いほうを引き寄せることになるので、次の職場でも同じようなことが起こりやすくなります。

引っ越しでも似たようなことがよく起こります。「今の環境が困った状態になっている、だから移りたい」という始まりであれば、新しい環境を思ってワクワクする気持ちが充分に高まってから動き出せばいいのです。

そして、素晴らしいものを引き寄せたければ、たとえば、引っ越しの場合は、今、住んでいる部屋を掃除する……綺麗に整え、その部屋に感謝をして一段エネルギーを上げた状態にすると、それに見合った物件をスピーディーに引き寄せます。

行動に移すより前に、望んでいる対象物への気持ちを充分に高めることが重要なので、はじめのイメージングには丁寧に時間をかけてください。

気持ちが充分に盛り上がった状態になってから動けば、引き寄せる力が強まっているので対象物がすぐに見つかったり、意図的にそちらへ動かされているような感覚を味わったりします。結果として、無駄な動きも少なくなります。

また、気持ちが充分に高まっていると、それだけで動きが出てくるので、「変化を起こすために動く」のではなく、「変化が起きてきたから動く」という順番になりやすくなります。

私がこれを一番強く味わっているのが、本の執筆のテーマです。

いつもたいてい、「こういうことを書こう」と思って、それについて考え続けていると、当然ながら、それに即した事柄がまわりに集まってきます。

そして最終的に、出版社から依頼されるテーマまでまったく同じものがやってくるのです。変化を起こすために動くのではなく変化が起きてきたから動かされる、という感覚です。

シンクロニシティの上手な利用の仕方

イメージをして、望んでいることに対してワクワクした気持ちがいっぱいになってくると**「シンクロニシティ」**が起こり始めます。

シンクロニシティとは、「意味のある偶然の一致」です。

「おばあさんからもらったネックレスが突然切れた→ちょうどそのときにおばあさんが亡くなった（ことがあとからわかった）」というように、一見関係ないと思われるふたつ以上の事柄が実はつながっていて、片方が片方を暗示したり、意味を強めたりする現象です。

一番簡単なシンクロニシティ（以下シンクロ）は、あなたが思っていた「それ」に関係のある話が短期間に一度に集まり始める、という現象です。引き寄せの法則とも言えますが、より緻密に、よりスピーディーに、こっちとあっちに起こる事柄が意図的につながっていくような感覚があります。

昨年のこと、「カゴバッグを作りたい！」と突然思い立ったことがありました。

私は昔から「カゴ」が好きで、今のように「カゴバッグ」というジャンルが確立される前から、たとえば海外ではその土地の素材で作られたカゴバッグに興味がいき、普段でも素朴なものから高価なアンティークまで興味がありました。

昨年、ある経緯で突然その気持ちが高まり、それから数日はカゴバッグのことで頭がいっぱいになりました。今すぐ作りたいカゴバッグのデザインを描き、それに合わせる洋服まで考えて勝手に盛り上がった……こういう純粋なワクワクは力強く対象物を引き寄せます。

それから数日後、海外の友人から電話があり、「自分の国の○○と組んでカゴバッグを作らないか？」という話がやってきました。

「すごい偶然！（偶然はないけど（笑））」と、さっそく検討に入りました。すでにその国でカゴバッグを販売しているメーカーと提携してオリジナルのものを作るという話でした。

同じ頃、母が友人と京都に出かけていました。

「天の橋立」にある、以前から勧められていた「コノ神社」という神社に参拝したそうですが、よく聞いてみると、「コノ神社」とは漢字で「籠（かご）神社」と書くのです。実は私も数年前に参拝したことがあった神社なのですが、母の話している神社がその神社だとは、はじめは合致しなかったのでした。

私がカゴバッグの話で盛り上がっていたら、母が行った神社が「籠神社」……（笑）。

さらにその翌週、別の友人が、「かわいいカゴバッグのお店がある！」と、海外のサイトの話を始めたのです。しばらく聞いていると、その人の話している店は、数日前にオリジナルのものを作らないかと海外から提案されたあのメーカーのお店と同じでした。

たった10日ほどのあいだに、このようなことが重なって起こり始めるのです。


このようなことが起こったら、「引き寄せの法則が働き始めている」という証拠です。

前向きな創造が始まっているということなので、集まってきたことの中から、自分がワクワクすることに手をつければいいことになります。

するとそれがきっかけで次のシンクロにつながるようなことが起こり、それらが繰り返されてふと気づくと自分の望みが近づいている（かなっている）という状況になるのです。

行動するときは、思いついてから48時間以内に！
――次の展開につながる確率が上がる

シンクロが起こり、それに心が動いたら、行動に移すのは48時間以内をオススメします。

情報は生ものです。ピンときたときの気持ちの盛り上がりを１００としたら、翌日になれば70、数日後になると半分以下、翌週になればかなり薄れてしまいます。

そのエネルギーの強さに応じて引き寄せる力が変わるので、「思い立ったが吉日」というのは当たり前のことなのです。


48時間以内に動けば、次の展開につながる確率が上がります。

私が個人的に「とても効果がある」と実感している、ある神社（仏閣）があります。そこでの体験談を人に話したとき、感動して「今すぐ行きます！」と48時間以内に行動した人は、みんな本当に願いごとがかなっている……と書くと、まるで勧誘しているようですが（笑）、**気持ちの盛り上がった「そのとき」というのは、その人にとって一番効果のある意味のある時間**なのです。

ですから、自分自身がその波動になっているときに行動を起こせば一番効果的に展開していくことになります。自分の波動の強さと同じ影響が外に湧き起こる、ということです。

もし、48時間以内に実践できないことの場合は、48時間以内にそれにまつわることをしてください。

たとえば、それについて調べる、それについて人と話す、それについてじっくり考える、場所であれば、いつ頃に行くか予定を考えるなど、それ全体の一部に関係あることをするのです。48時間以内に種まきをしたことは、必ずその波動に応じた事柄がやってきます。

この数週間のことです。

私が仕事場でDVDのラックを整理していると、ラックの一番奥から『アウト・オン・ア・リム』のDVDが出てきました（『アウト・オン・ア・リム』は、女優、シャーリー・マクレーンが実体験を綴り全米でベストセラーになった同名の著書を、自ら映画化したものです）。妙に気になったので（ということは観たほうがいいということなので）観てみると、主人公のシャーリー・マクレーンが当時体験して魅了された「瞑想」と、宇宙人や幽体離脱の類《たぐい》の話が出てきました。そんな内容であることはすっかり忘れていましたが、そのストーリーや細部も含めて妙にピンときたので、私も瞑想を始めたのです。

実は、ちょうどその頃、以前もやっていた瞑想を思い出すことがあり、「そろそろまた再開しようかな（今なら面白いことが起きそう）」と漠然と感じていたのでした。そんなときに、久しぶりに目が留まった映像を見たら瞑想の話が重なったので、これはシンクロ！とワクワクと瞑想を再開したのでした。

そして、それからしばらく瞑想と宇宙人のことばかり考えていました。単に「宇宙人に会ってみたい！」と思い（笑）、なんだか会えるような気がしてきたのです（なぜあのとき、そこまで強烈に「会ってみたい」と思ったのかは謎ですが……（笑））。

すると、それから数日後、友人3人と食事をしていたとき、ひとりが突然言い出しました。

「私、3日前に瞑想を再開してね」

そしてもうひとりは、

「先週から、『アウト・オン・ア・リム』を読み返していてね」

と言うのです。

あまりに驚いて黙って聞いていると、瞑想を再開した友人は「2週間前にペルーのマチュ・ピチュに行ってきた」と言い出しました。マチュ・ピチュこそ、『アウト・オン・ア・リム』の中でシャーリー・マクレーンが旅をして不思議な体験をした場所です。私があの映画を観て興奮していたときと、友人がペルーで味わった思いや動きがシンクロしているのです。

その数日後、別の友人たちがアメリカのセドナに遊びに行きました。戻ってから話を聞いてみると、「宇宙人を呼ぶツアーに参加した」というのです（笑）。

ひとつのことを強く考えていると、たった数日間にこれだけ似た話を引き寄せる……意識の力の強さに驚きました。

そしてこの一連の出来事の集大成のように、その翌週、中学時代の友人から連絡がありました。

「鹿児島市立科学館でやっている『ビューティフル・プラネット』っていう映像がすごい、メチャメチャ感動した、本当に宇宙に行ってきた」

あなたまで宇宙の話？（驚）……この友人と十数年ぶりに再会して連絡先を交換したのが3ヶ月ほど前、それまでは「宇宙」なんて言葉は一度も出てこない、たわいないやりとりだったのです。

プラネタリウムとＩＭＡＸシアターが合体した（東京近郊にはない）、ものすごい臨場感の宇宙……LINEを読んでいるだけでワクワクしたので、すぐに行く予定を立てました。

そして3週間後、大人4人でその映像を観るためだけに鹿児島（空港から車で1時間強）の鹿児島市立科学館へ向かったのです。

結論から言うと……素晴らしかった……。

月並みですが、世界が広がりました。本当に宇宙に行ってきました（笑）。ものすごいものを観たときのボーッとした感覚で45分ほどの映像が終わり、「せっかくここまできたから次も観よう」と、続けて次の映像も観ることになりました。

次は『ノーマン・ザ・スノーマン　～流れ星のふる夜に～』という子供向けの映像のようでした。作品自体は2016年のものですが、人形を1コマずつ動かして撮影している、レトロな雰囲気満載のショートムービーです。

それほど期待せずに観たのですが……驚きました。その映像には、「引き寄せの法則」を説明するメッセージがつまっていたのです……私が鹿児島にきた意味はこっちにあったようでした。

流れ星にお願いごとをかなえてもらおうとする男の子に、ある人が言います（メモをとっていたわけではないので、言いまわしは正確ではないかもしれません）。

「流れ星が願いごとをかなえてくれるんじゃないんだ、
流れ星が降るときもそれを思っているくらい、
いつもそれを思っているからかなうんだ。
流れ星に願いをかけるというのは、今、それを思うということなんだよ」

引き寄せの法則について執筆中の私にとって、これ以上のメッセージはありませんでした。やはり、その人がいつも考えていること（そのときの私にとっては引き寄せの法則そのもの）が集まってくるようです（笑）。この映像を観たことによって、私がますます楽しい気持ちになって執筆に向かったことは言うまでもありません。**やはり48時間以内に行動を起こすと、その人にとって次につながるなにかがある**のです。

期待をすると、引き寄せる力が強まる理由

上記の「瞑想と宇宙人のシンクロ」について、当時の私の状況をよく思い返してみました。

なぜＤＶＤのラックを整理したときに『アウト・オン・ア・リム』のＤＶＤが出てきたか……それは、「その頃、私が瞑想を再開したいと思っていたから（引き寄せた）」とも言えるし、「新刊を執筆するにあたって、気持ちを盛り上げたいと思っていたから（引き寄せた）」とも言えます。

最終的に『ノーマン・ザ・スノーマン』にたどり着いたことによって、私の新刊に対する気持ちが最高に高まったからです。

つまり、**その人が日頃、意識を向けていることは、それぞれの内容が違っても全部まとめて引き寄せられてくる、**ということがわかります。瞑想について考えていたことと、新刊に対しての思いと、どちらもきちんと引き寄せているのです。

これを思うと、自分が望んでいることに意識を集中する大切さが改めてわかります。

日常生活で日々目にすることや、勝手に入ってくる様々な事柄に意識を向けて追っていると、それらを全部合わせて引き寄せるので、ひとつのことを意図的に強力に引き寄せている実感が薄くなります。

瞑想と宇宙人のとき、たった2、3日ですが、朝から晩までそのことを考えていたのです。それもワクワクしながら……。「本当に宇宙人に会えそう、会っちゃいそう……」という期待感がありました。

期待すると、引き寄せる力が強まるのです。

「期待する」とは、本当にそうなりそうということを「今か今か」と待ち構えることです。

これと同じ感覚で自分の望みも思えばいい……今か今か、もしかしたら今日にでもかなうかもしれない、と期待してワクワクしながら、ニヤリと思えばいいのです。

シンクロを行動に移したのに、なにも起こらないときは？

シンクロが起きたときに、それを追って行動してもなにも展開しない場合もあります。

それがなぜかは、まだ検証中なのではっきりとはわかりません。

ですが、なにが原因だとしても、それをいちいち気にしないことが大切です。

実際、先に書いたカゴバッグの話も、先方と話を進めていくうちに「もう少し機が熟してからやりましょう」というところにお互いが落ち着きました。

ですが、もちろん、この話のお陰でタイミングがきたらお互いに協力できる方法が見つかったのです。

そのシンクロが形にならなくても、あなたが「それ」を思い続けている限り、次のシンクロが再びやってくるので、あなたがやるべきことは、その中から自分がワクワクすることを見つけて追うことなのです。


シンクロを行動に移したあと、期待していたような次の展開が起こらないと、たいていの人はガッカリして望みについて思い続けるのをやめてしまいます。

ここがもったいないところ……シンクロでどんな展開があろうとなかろうと、自分の望みの中で心が楽しくなる部分に意識を向け続けることです。

ひとつひとつの行動の結果を、いちいち気にする必要はありません。

自分の思いを次々と形にしていく私の尊敬する知人は、「毎日たくさんの種をまいているから、それらがどの順番で引き寄せられてくるかはわからない」とよく言います。

ひとつのシンクロが起こってそれが次に展開しなくても、そんなことは気にならないくらい常にたくさんの種まき（＝前向きな想像／創造）をたくさんしている、というのです。

「シンクロが起きたけれど、なにも面白い結果にならなかった、自分には引き寄せは起こらないのかもしれない」と考えてガッカリする……ガッカリするのは、そんなふうに考える必要はない、というう宇宙からのサインです。

心がモヤモヤしたり、沈んだり、考えて不快な気持ちになったりするのは、大元の自分、魂本来の自分、万能の英知である宇宙（など、呼び方はなんでもかまいません）が勧めている方向とずれているからです。

いつも、自分の感じ方を観察してください。

少なくとも、引き寄せの法則が働いていることは実感できるはずです。

せっかくシンクロを通して前向きな創造が始まっているのですから、その気持ちの盛り上がりを自分で下げないこと、引き続き、自分がワクワクすることに意識を向け続けることです。

「いつも意識を観察して望みに向け続ける」とは、努力が必要なことではありません。自分の望みを想像する作業はとても楽しいものです。

ニヤリとした状態だけを考えていていいのです。

楽しい部分を考えるだけで引き寄せられる①
——新事業を始めるまで

望んでいることの「楽しい側面」を考えるだけで、必ず変化は起こり始めます。

イタリア食材の流通会社を経営しているSさんは、あるとき「天然石を扱う仕事をしたい」と思いつきました。以前から天然石が好きだったこと、それを毎日眺めるような仕事をしたい、という思いつきだけにワクワクしていましたが、経験のない分野のため具体的なことはなにも思いつきませんでした。

それでもなにか関係のあることをしようと、そのとき考えて一番ワクワクする天然石のフェア（展示会場）に出かけてみました。そこでSさんはあるお店の女性の出展者と仲良くなります。共通の友人がいることがきっかけでした。なにかの話の盛り上がりから、「ベビーシッター」や「ハウスキーパー」の話になり、ちょうどそのときハウスキーパーを探していたＳさんは、その人から優秀なハウスキーパーを派遣する会社を紹介してもらいました。

その会社の派遣でＳさんの家で働き始めたハウスキーパーは、おじいさんがイタリア人でした。Ｓさんの会社が主にイタリアの食材を扱っていることから、当然イタリアの話で盛り上がります。

創業当時は頻繁に足を運んでいたイタリア（でも今は社員にまかせることが多くなって頻繁に行かなくなったイタリア）に久しぶりに行きたくなったＳさんは、２週間の休みをとってイタリアへ出かけます。

その旅の途中、列車で乗り合わせた現地の人と話をしているときに、膝《ひざ》に置いていたＳさんのバッグがすべり落ち、自社商品のパンフレットが飛び出てきました。それをきっかけにお互いの仕事の話になり……そのイタリア人が金細工を扱う職人の工房を持っていた縁で、天然石の工房を紹介してくれることになったのです。

これがあれにつながって、それがこっちにつながり、というロールプレイングゲームのようですが、ワクワクすることを追っていくと、このような調子で先が夢につながっていくことがよく起こります。

ひとつの物事に到達ルートは無数にあるので、はじめにワクワクする入り口から入れば、最後までその波動と同じ物事をつたって到達できるのです。

どんな望みでも、それについてあなたがワクワクできるところから始めればいいのです。

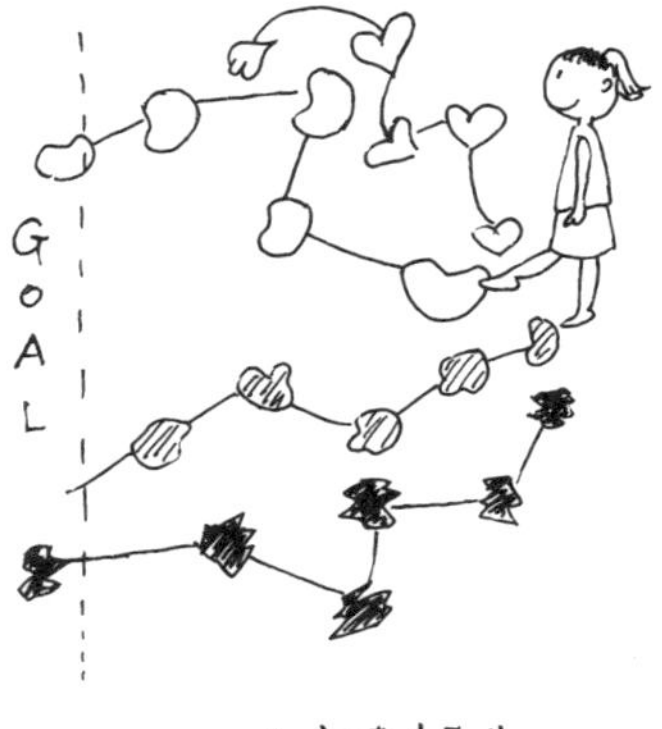

どんな方法もあり

それを考えているのに引き寄せが起こらないのはなぜ？

意識を向けているのに前向きな引き寄せが起こらない原因のほとんどは、望みについて考えているようで、実際はそれと逆のことに意識が向いている時間が長いときです。

「これを望んでいる、こういう経験をしたい」と一時《ひととき》は強く思っても、そのすぐあとに「でも、難しいだろう」という「今、それがないこと」に意識を向けているはずです。

または、イメージングが終わった途端にそれとはかけ離れている目の前の現実を見てガッカリしたり……。引き寄せの効果は、イメージングが終わったら働かなくなるわけではありません。イメージしているときだけではなく、日常のあなたのすべての波動が反映されるのです。

（だからこそ、イメージが完成したあとは日常の過ごし方が影響してくるのですが、それはあとで説明します）

ある団体の運営のために「寄付金が集まる」というイメージをしている人がいました。

それが集まった場面を思い描いている……ところが、そこに意識を向けたあとにいつも、「あといくら足りない、集まらなければこの団体はこうなってしまう、そうなってしまったらこんなことが起こる、そもそもこの団体の意義はなにか……」と考え始めます。全身から「それが足りない」という波動がにじみ出ているのです。

「〇〇の仕事をしたい」というイメージをしていた人も、思い描いたあとにものすごく急いで、

「そのためには引っ越さなければならない、お金が足りない、親に借りるか、そもそもその仕事のために親ひとりを残して実家を出てもいいものだろうか……」

というような「でも〜」がズラズラと芋づる式にセットになっていました。

そして、本人がそれに気づいていません。どちらも「望まないことに意識を向ける必要はない」とわかっているので強く考えてはいないつもりですが、とても小さく、とても急いで、それが必ずあとにくっついているのです。

理想の画像がバーンと出てきながら、その裏で早送りのように「でも……」をつぶやいている感じです。

うまくいっているイメージは、イメージし終わったあとに明るくウキウキと活発な気持ちになります。終わったときに、現在足りないものや問題点が見つかって心が暗くなるのは、間違った（逆効果の）イメージということです。

私自身のことで考えたとき、今、実現したいあることについて「ニヤリ」とできる場面を思い浮かべると、考え始めてすぐにワクワクしてきて、こうしちゃいられないと動き出したくなります。

それについて直接関係のある動きをできるわけではないのですが、いつそうなってもいいように少しでも準備を進めておこう、という気持ちになるのです。

そして、今、できる準備や今日のやるべきことをその楽しい波動で進めていくあいだも、常にその楽しいことを考えているので、そこからまた次にできる準備を思い出したりします。

それが繰り返されて、いつも右斜め上あたりにその楽しい映像がちらついていて、今日もそこに向かっている……と思っていると、それがもう起きたことなのか、これからやってくることなのか、そもそも私の想像なのか、だんだんとわからなくなってきます。

これくらい、想像と現実の境目がなくなってくると、かなり近くに実現が近づいてきているのです。

楽しい部分を考えるだけで引き寄せられる②
――新しい物件を手に入れるまで

望んでいることについて、考えると楽しくなる部分に「ニヤリ」としているだけで、その状態が近づいてくる……友人のFさんは、この方法で別荘を手に入れました。

(私に集まってくる例はなぜか物件の話が多いのですが、私自身が物件にまつわる話が好きだからかもしれません(笑))

数年前、Fさんは、週末に家族が使うことができる別荘が欲しいと思いました。

そこでFさんは、家族や友人と別荘で過ごす幸せな週末に意識を向け、その感覚を毎日想像の世界で楽しみ始めました。

あるときFさんは、「生協（生活協同組合）」の活動の延長でTさんという人に出会いました。東京に住んでいるFさんと○県に住んでいるTさんは、生協の活動を通して徐々に親しくなりました。さらに、○県の農産物を東京に紹介する活動や、○県と東京の交流イベントの運営などを通して、FさんとTさんはお互いの友人や家族を含め、さらに親しくなっていきます。

そのうちFさんは、Tさんの別荘にも招待されるようになりました。何度か遊びに行くうちに、それほど使われていないその家を、「東京から遊びにくるときは自由に使って欲しい」と言われます。それから数年後、Fさんはその別荘を破格の条件で譲り受けることになりました。FさんとTさんのあいだには、血縁関係はもちろん、他に想像し得る「あやしい関係」などもありません（笑）。

結果だけを聞くと信じられないことに感じますが、Fさんがその別荘に行き来していたときの様子をよく知っている私から見ると、とても自然なことに感じたのです。

Fさんは、その家を友人や家族と一緒に使わせてもらえることをいつも喜び、たくさんの魅力的な人をTさんに引き合わせ、いつも別荘の内外を綺麗に整えて、感謝いっぱいの気持ちで別荘の魅力を味わう……持ち主であるTさんやお互いの家族がその家を中心に喜び合い、高いエネルギーが循環しているのがよくわかりました。どこにも無理がなく、余っているものをお互いに分け合うような姿勢でした。

ですから、Tさんには使いきれなかったその別荘をFさんに譲るという話が出たとき、誰もが自然なことのように感じたのです。一番驚いたのは、本来それを相続することになっていたであろうTさんの家族ですら、「Fさんに譲れて大喜び」という状態だったことでした。

それぞれの人が、純粋に自分の喜びに意識を向け続けると、このような「三方良し」の現象が起こります。

これと似たようなことを体験している人たちに共通していることは、**自分の望みのうれしい部分だけに焦点を当て続けていたこと**です。それを考えたときに湧いてくる「難しそうな点」や「不可能に感じる部分」にはまったく思考を向けていません。

Fさんも、そのときの状況がどんなものであろうと、途中になにが出てこようと、ただ「自分と自分の大事な人たちが楽しめる別荘」という楽しい面だけを思ってワクワクしていただけでした。

ですが、その徹底ぶりは見事でした。日常生活でもいつもワクワクしている、それを考えているときも、そうではないときもいつもワクワクしている……これが、夢や望みをかなえるときに、イメージングの次にするべき重要なことになります。

第3章

どんなときも 気持ちのよい波動を維持する

すべてを最高の状態にするための意識の使い方

望みをかなえるために、日常生活で最優先させることとは？

「自分の人生に経験したいことだけに意識を向ける」と決めて、望みに対して思わず「ニヤリ」としてしまうような場面をイメージしたあと、日常生活で最優先させることは**「いつも心地よい感覚で過ごすこと」**です。

夢や望みの波動は「ワクワクした明るく気持ちのよいもの」なので、できるだけ長くそれと同じ状態（波動）になっていれば、スピーディーに生活の中に現れるのです。

そのためには、**いつもできるだけ「一番気持ちが動くこと、気が乗ること」から始める**ようにしてください。

たとえば、朝起きて、「あそこのカフェのコーヒーが飲みたい」とパッと思ったとします（これを思いついたときは明るい気持ちを感じています）。ですが、続けて、「まずは今日締切りのあの作業をすませて、次にあれをして、ついでにこれをやって、それが全部終わって時間があったらカフェに行こう」と頭は考え始めます。または、「コーヒーなんてここでも淹《い》れられるし、なにもあそこまで行かなくても」などと思います。それぞれの生活状況に応じて、頭で考えた「今日やるべきこと」が先に出てくるでしょう。

感情を観察していないと気づくことができませんが、「あそこのカフェに行きたい！」と思いついたときはワクワクしていますが続けてあとに考えたことに対してはモヤモヤしてきているはずです。ですから、そのとき宇宙の伝えていることは、「そっちには考えないでカフェに行こう（行っていい！）」なのです。これが、私自身慣れていないときにはなかなかわかりませんでした。

今では自分の感覚が宇宙とのコミュニケーションツールだとわかっているので、こういうときには頭で考え出す前にカフェに出発します。

すると、たとえば……カフェでバッタリ、久しぶりの人に会いました。話をしているうちに、そのとき執筆中の原稿に関係ある話が次々と飛び出して、コーヒーを飲みながらレジメができあがっていた……というようなことが起こります。

同じような状態でカフェに座っていた別のときには、店員さんの心温まる対応に気持ちが温かくなり、さっきまで面倒に感じていた「考えなくていけないこと」に新しい提案が浮かびました。

これは別に、「あそこのカフェに行くといつもいいことがある」という話ではありません。**そのとき自分の気持ちが一番乗ったことから手をつけると、自分自身が明るい波動になるので、そのあとも明るい波動に応じたことを引き寄せるようになる**ということです。

自分が明るい波動になっているので、さっきまで面倒に感じていた雑用の楽しい面に目が向いたり、同じ問題を考えるときにも明るい側面から新しい解決策が浮かんだりするのです。

最優先するのは、「カフェに行く」というような外に出かける行為だけではありません。

そのとき一番やりたいことが、今、読みかけの本を読むでも、ふと思いついたあの人に電話するでも、なぜか気になる「あれ」を調べるでもなんでもいい……そのとき思いつく一番気が向くことから始めるのです。

気が乗らないことは、後回しにしても大丈夫

そのとき抱えている「やらなければいけないこと」の中でも、一番気が乗ることから手をつけるようにします。たとえば、頭で考えた常識的なその日の優先順位は「明日が締切りの作業Ａ」だとしても、来週が締切りの作業Ｂを考えたときのほうが気持ちが乗る……こういうときには迷わずＢから始めるのです。気持ちが乗るというのは、「そっちから始めたほうがいい」という宇宙からのサインです。

Ｂをしているうちにあなたの気持ちが上がるので、気持ちが乗っていなかったＡの作業にも同じ感覚で向かうことができます。**頭で考えたスケジュールより、心の感覚で決めたスケジュールのほうが最終的に効率がよくなるのです。**

気が乗らないことは後回しにして大丈夫です。

「絶対に今日するべき」と思っていることでも、今日を逃したら大問題になってしまうという事柄はめったにありません。自分で決めたルールに勝手に縛られているだけなのです。

これについても、様々な方法で実験をしました。

たとえば、今日しようと思っていた雑用（出かける用事）に対して、その日になってみたら気が乗らなくなっていたとします。その感覚を信じて、ためしに今日は行くのをやめることにします。

頭で考えると、その雑用は法律的に期限のある用事なので、今週中にすませておかないといけない、そしてその手続きができる場所は遠く、代理人がすることはできないので、スケジュールを考えると今週行ける日は今日しかない、となっていたのです。

自分の感覚を信じて行くのをやめた数日後の朝、その日のスケジュールを確認してみると、打ち合わせの場所があまり行ったことのない（なじみのない）エリアであることに気づきました。先方の都合で直前に変更になったそうでした。出かけてみると、その建物の隣に私が手続きをしなくてはいけない公《おおやけ》の機関があり、その日に一度に用事がすんでしまったのです。

あのとき行く気がしなかったのは、行かなくてよかったからなのでした。

仕事でもプライベートでも、とにかく、そのとき一番自分の気持ちが乗ることから始めるのです。朝の忙しいときにそれはできない、という場合は、朝に抱えている自分の作業の中で気持ちが乗ったことを優先するのです。

そうやって自分の感覚を観察し、それを優先するようになる癖をつけていくと、どんどん敏感になっていきます。そして、あなたが自分で感じていることが確実に宇宙からのサイン（偉大な英知からの情報）であることが理解できるようになります。
これは日常の小さな例ですが、小さなことも大きなことも同じ方法でうまくいきます。
そして一度うまくいく流れに乗ると、あとは自動的に流れがよくなっていくのです。

自分のまわりに、あらゆるレベルの「エネルギーの波」が流れているとします。
その中のワクワクした波に一度乗れば、そのあとにやってくる物事も、その中のワクワクした部分だけに乗り続けていくことができるのです。

交渉ごとに有利な意識の使い方
――「波動の高い状態」を意図的に作る方法

同じ物事に向き合うときでも、自分がワクワクした気持ちのよい状態のときと、そうではないときとでは先の展開が変わります。これは頭で考えても当然のことで、誰でも気分がよいときに向き合った作業には高いパフォーマンスを発揮します。自分のよい部分を出すことができるのです。

私自身のことですが、昨年、息子が生まれて家族が増えたのをきっかけに、それまで乗っていた2ドアの車を車高のある新しい車に替えることになりました。

それによって、駐車場も車高のある車を収容できる場所に移動しなければなりません。ですが、たしか建物内の駐車場は満車のはず……と思って聞いてみると、やはりすべての駐車場が契約済みで満車でした。可能性があるとすれば、「高さのある車を収容できる駐車スペースに高さの低い車を入れている契約者と話をして交換してもらうしかない」とのことでした。

それを聞いたときの私の感覚は、モヤッとしたものでした。

だんだんとわかってきたのですが、同じ状況でも「それはいい！　ぜひそうしましょう！」という感覚になる場合もあり、そういうときは「その方法でうまくいく」ということです。聞いてモヤッとするということは、その方向で進めてもうまくいかないということです。

そこで、それについてそれ以上考えるのをやめることにしました（それ以上考えていると、モヤモヤしそうだったからです）。

その日は、たまたま神社にお参りに行くことになっていました（今から思えばそれも偶然ではなかったのかもしれませんが）。

予定通りに友人と神社に行き、そのあとランチをして大笑いしながらとても楽しい気持ちで帰宅しました。

その楽しい状態で駐車場のことを思い返してみると、数時間前とは受けとめ方がずいぶん変わっていきました。

はじめは、「駐車場が見つからなかったらどうしよう、建物内に停められなかったら……」と考えていきそうだったのが、今度は、「管理の人にこちらの希望はきちんと伝えたのだから、必ず一番よい状態になるだろう。もし、停める場所がなくて困ることになるのだとしたら、あの車高の高い車にしようという考え自体、はじめから思いつくわけがない」と、自然に思えたのです。

するど、それから数時間後、管理の人から連絡が入りました。

「駐車場が見つかった」というのです。

私が問い合わせをしたあと、同じマンション内で今、売り出し中の物件があることを思い出して調べてみたら、そこについていた駐車場が高さ制限に余裕があることがわかった、物件と駐車場はセットではないので、買い主が見つかっていない今の状態であれば交換することが可能だというのです。

午前中には難しいと言われたことが、午後になったら見つかっている、というこのスピーディーな展開にとても驚きました。

これはおそらく、お参りとランチで私の気持ちが上がり、「必ずよい結果になる」と期待した波動（エネルギー）に引き寄せの法則が働いたためでしょう。

私の波動とは関係なく、あのまま待っていてもその朗報がやってきたのかどうかはわかりませんが、物事はすべてタイミングです。

売りに出されるとあっという間に決まってしまう状態の建物内で、そのタイミングにたまたま車高に余裕のある駐車場の売り物件が出たというのは、この上なくラッキーなことでした。

交渉ごとだけではなく、人との話し合いや大事な決定の場に臨むときは、自分の波動をできるだけよい状態にしておく必要があります。

自然と気分がよくなるのを待つのではなく、意図的に気持ちがよくなる状態を作る……自分を高いエネルギー状態にしてから「事にあたる」のです。すると、その波動に応じた展開をしていきます。

考えてみると、私は同じことを執筆のときにいつもしています。

自分を充分に楽しませ、豊かな気持ちになって、楽しい気持ちが全身からあふれ出しそうになると本が書きたくなるのです。ですから特に新しい本を書き始めるときは、その前に意識的に自分を高いエネルギーの状態にします。その「自分の気持ちを盛り上げる」という時間も合わせて執筆期間なのです。

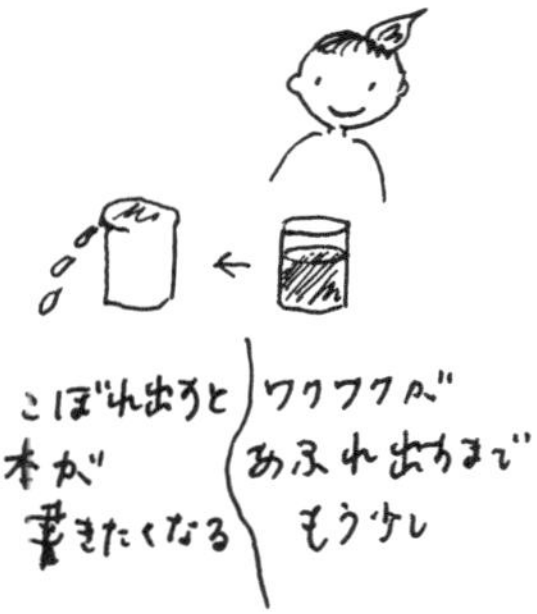

豊かさにつながる練習
——宝くじに当たった！

豊かになりたければ、日常生活でもいつも豊かな波動でいる必要があります。

なにがあってもなくても満ち足りた幸せを感じ続ける……実は**「幸せな感覚」というの**

は、実際に起きている事柄から作られるのではなく、自分がそこに持った感想や思い込みによって作られていることが多いのです。つまり、いつでも幸せを感じることはできる、ということです。

友人（Uさん）とランチをしていたときのことです。

UさんのLINEに、ご主人から連絡が入りました。

「宝くじが当たった！」というのです。それも驚くほどの高額……。慌てて電話をしたUさんの携帯電話から、ご主人の興奮した声が聞こえてきました。

詳細を聞いた私たちは大喜び！（笑）思わず歓声をあげました（笑）。当然です（思いがけないうれしいサプライズが起きたとき、人はこういう行動をとるんだな、という見本のようなものでした（笑））。

実は、その直前までUさんは私にある相談ごとをしていたのですが、そんなことはきれいさっぱりかき消えて（笑）、そこから宝くじの話一色になりました。私まで高揚した気持ちになり、それから未来のいろいろなことを話し合ったのです。

不思議なものです。それは別に「当選したそのお金であれをしよう」という話ではまったくありませんでしたが（非常に裕福なUさんの状態に、宝くじは実質的には必要ないと思いますが）、縁起のよいことが起こったことによってUさんの気持ちが活気づき、未来の話や、本当にやりたかったことがどんどん湧いてきたのでした。

Uさんは、その後家に帰ってからも気持ちが高揚し（当然でしょう）、いつもの家事や雑用を鼻歌を歌いながらこなし、スキップするような足取りで子供のお迎えに出かけ、そのあとも1日中、幸せな気持ちで過ごしたそうです。

ところが！

その宝くじの話は、ご主人のついたウソだったのです……。

当然、夜になればそのウソはばれ、彼女はガッカリしてご主人に怒りが湧きました。

（実は、ご主人がどうしてそんなウソをついたかは、そのふたりの事情を知っている人にしかわからない長いストーリー（理由）があるので、ただいたずらについたわけではないのです。が、あまりにプライベートな話なのでそこは割愛します）

数日後、「ウソだった」という報告を受けた私（私もものすごく驚きました）に、彼女は言いました。

「はじめはどうしてそんなウソをつくのか、バカらしくて情けなくて頭にきたけど……そのあとに思ったの……。あの楽しい感覚で毎日を過ごさなくちゃいけないなぁって」

宝くじが当たったと思ったあの日、きのうと同じ日常が素晴らしいことに感じられた、目の前のひとつひとつが輝いて、ものすごくワクワクしたあの感覚、あれが豊かさのエネルギーにつながって日々を過ごすということだった……と言うのです。

私は感心してしまいました。

ですが、たしかに私もその数時間、同じような気持ちで過ごしたのでよくわかります。

未来が拓《ひら》いていくような、人生が充実したもののように感じました。直接は関係ない私も、同じように運がよくなっていくような爽快感がありました。

それからUさんは、ずっと、あのとき味わった「豊かさにつながった状態」で日々を過ごしたのです。

そして半年後、Uさんのご主人の仕事に思わぬ展開があり、今、彼女は以前から望んでいたことを始めるための理想の状況を手にしました。それは、それまでのことから考えると思ってもみないラッキーな展開が続いた結果でした。

「あのときから豊かなエネルギーで過ごしたことが、そのあとの幸せな展開を起こしたのは間違いない！」とUさんもご主人も認めています。

ワクワクするかしないかは、実際に起きている事柄とはあまり関係がありません。

宝くじの当選が本当だと信じていた数時間でさえ、目の前でそれが証明されているわけではなく、ご主人から聞いた話から作られたUさんの想像です。想像だけで、Uさんのワクワクの限界値が上がったのです。そして、そのワクワクした波動を長時間維持したことで、それにふさわしい事柄が起こったのです。

これは究極のイメージングです。「もう、それが起きたつもり」の波動で日々を過ごすということなのです（逆に言えば、起きてもいない先のことを悪く想像したり、現状の悪いところだけを見つめて豊かさと真逆のエネルギーで過ごしたりすれば、どんどん望まない世界を実現（ネガティブな創造）していくことがわかります）。

引き寄せの法則は、実際に起きている事柄に対して働くのではなく、その人の波動の質に応じます。ですから、それが目の前にあってもなくても、それがあるのと同じような波動で過ごせばいいのです。

起こることすべてにワクワクするには？

起こることすべてにワクワクするためには、起こることすべてに自分が気持ちよく感じる捉え方をすればいいのです。

表現を変えると「プラス思考をする」ということですが、今の私は「プラス思考」というよりも、「自分が心地よくなるように捉える」という表現が気に入っています。

すべての物事を、自分が、
心地よくなるように捉える
楽になるように捉える
楽しくなるように捉える
明るい気持ちになるように捉える
ホッとするように捉える

「プラス思考」というと、積極的で強いイメージがありますが、たとえば「楽になるように捉える」というのもプラス思考のひとつです。「ホッとするように捉える」というのもプラス思考です。まとめると、あなた自身がいい気持ちになるような解釈をする、ということです。

たとえば、「待ち合わせの時間に相手が遅れてきた、でもそのおかげでゆっくりメールを書くことができたからよかった♪」というような捉え方も、「そう捉えたほうがプラスだから」ではなく、「そう捉えたほうが自分が楽しくなるから」です。

また、「行きたかったお店にはるばるやってきたら、たまたまお休みだった……もっとよいお店が別にあるのだろう」と捉えるのも、そう捉えたほうが自分がワクワクしてくるからです。

自分が楽になるように、楽しくなるように……起こる物事すべてに自分がそう感じられる捉え方を探すのです。すると、そう捉えたときのあなたの気持ちの波動に引き寄せの法則が働くので、実際にその通りにその物事が展開していきます。

旅行の前日に子供がインフルエンザになった

Ａ：タイミングが悪い、運が悪い
　子供の健康管理をしていなかった誰々が悪い（と考えるとモヤモヤする）

Ｂ：出発する前にわかって本当によかった
　空いた時間にどんなことをしようか♪
　今は行かないほうがよいということだろう（と考えると気持ちが明るくなる）

あの人に嫌な態度をとられた（ような気がする）

Ａ：嫌われているのだろうか
　なにか悪いことをしたのだろうか
　なにか対処しなくてはいけないだろうか（と考えるとモヤモヤする）

Ｂ：自分の考えすぎだろう
　たまたま機嫌が悪かったのだろう
　意図的に意地悪をしているのだとしたら、その波動の結果を受けとるのは相手なので自分が考える必要はまったくない（と考えると気持ちが穏やか）

もう少しのところで〜〜できなかった

Ａ：自分は本当についていない、大失敗だ

○○のせいだ

自分は価値のない人間だ

また同じことを繰り返してしまうのではないか（と考えるとモヤモヤする）

Ｂ：もっとよい方法、もっとよい道、もっとよいタイミングが出てくるので、今、そうならなくてよかったのだろう（と考えるとホッとする）

思わぬ出来事が起こった（突然、変更になった）

Ａ：困った、大変、もっとこうしていれば……（と考えるとモヤモヤする）

Ｂ：きっと、そっちのほうがよい結果になるのだろう（と考えると楽になる）

すべて、Ｂの捉え方をすると気持ちが楽になることがわかります。

Ａの捉え方をすると気持ちは暗くなり、関係ない他の事柄まで引っ張り出して暗く感じ始めます。

どちらが良い悪いではありません。起きた事実はひとつですが、捉え方は無数にあるということです。そしてどれも、あなたが捉えた波動に引き寄せの法則が働くので、それぞれに思い通りの人生を生きることになります。

自分の感じ方に敏感になると、今しているその考え方が合っているかどうかがわかります。考えて気持ちがモヤモヤしたり、不安になったりしたら「その解釈、その捉え方は間違っている、意味がない、そのまま進んだらネガティブな創造を始めてしまう、別の捉え方をしたほうがいいよ」ということです。

どんな捉え方をするかで未来が変わる
——ファーストクラスに乗れた！

数年前のこと、友人６人で海外に出発しようとしていたときのことです。

空港のチェックインカウンターで、なにかの手違いのために予約していたビジネスクラスが5人分しかとれていないことがわかりました。あと1名を今から予約するとエコノミーしかとることができない、というのです。

それを聞いた途端、航空会社に対してすぐに怒りを爆発させた人と、「自分がエコノミーに乗ってもいいよ」とすぐに言った人がいました。私は空港に着いたのが一番あとだったので、チェックインしたときにはやりとりが終わっていたのですが、「エコノミーでいいよ」と言った人は、心からそう思っていたそうなのです。

「乗っている時間は短いし、いつも機内は映画を観て寝ちゃうし、別に問題ない……」

そのあと私が合流したときも、まるで何事もなかったかのように楽しく会話をしながら、『1名が乗れない』だったらもっと大変だったよね〜、席があってよかったじゃない!?」なんて言っているのです。

すごいな、と思いました（私だったらすぐにはそう思えないと思います。エコノミーに対してではなく、手違いやミスのために予定していたことを不本意に変えられたということにガッカリしたり腹が立ったりしそうです）。

ところが、搭乗するときになって、彼女は係の人に声をかけられ、なんとファーストクラスに案内されました。緊急のために空けていた席を開放してくれたのです。もちろん、ビジネスクラスのままの料金でした。

私たちの中で、彼女の波動（精神レベル）が一番ファーストクラスにふさわしかったのでしょう。ある意味、選ばれたのです。

その物事に対してあなたがどんな捉え方をするか、それによって先に起こることは変わります。**起きた事実に引き寄せが働くのではなく、それによってあなたがなった感情、エネルギー、波動の質に応じる**のです。

あなたには常に最善のことが起きている①

――ダブルブッキング？　ドタキャン？　思わぬ事態が起きたときも、実はうまく進んでいる

気持ちが楽になる捉え方とは、最終的に「すべて順調に進んでいる、なにも失敗はない」という捉え方に集約されます。思っていたほうに進まなくて失望したり、ガッカリすると

きに「実はこっちのほうがよかったんだ」と思うとホッとするのは、「失敗はひとつも起こっていなくてすべて予定通り、万事順調に運んでいて、実はもっとよい状態になる」と思いたいからです。

引き寄せの法則からすれば「そうなりたいのであれば、そう思えばいい」ということになります。とてもシンプルでわかりやすいルールです。

予想外のことが起きても「常に最善のことが起きている」と思うには慣れが必要ですが、ためしに目の前の事柄をそう捉えたことで、現実的にその通りに展開していくのを目の当たりにするとこれを信じられるようになります。そして信じるようになると、ますますその通りに強力に物事が展開していきます。

Wさんは、自分が主役となる大きなパーティーを企画していました。

数年ぶりのパーティーに向けて楽しく準備を進めていたところ、当日の2ヶ月前に、Wさんの知人のYさんも同じ日にイベントを開催する予定であることを知りました。

お互いの友人は重なっている部分も多く、招待客が分散されることになります。

はじめにこれを知ったとき、Wさんはもちろんよい気分はしませんでした。久しぶりのパーティーに招待客が分散されることは残念な話です。

ところが当日になってみると、「重なってよかった」という結果になったのです。

実は、Wさんにはパーティーに呼んでおきながら「本当は来て欲しくない人たち」がいたそうです(笑)。ですが、これまでの付き合いを考えると呼ばないわけにはいかなかった……Wさんは引き寄せの法則を理解しているので、その人たちについて考えるのをやめました。関心を寄せれば不安が拡大することを知っていたからです。

結果的に、その「本当は来て欲しくない人たち」は、全員まとめてYさんのイベントに出席することになりました。お陰でWさんは気がかりなく、本当の意味で居心地のよい人たちととても楽しい時間を過ごすことができたのです。

もちろん、Yさんの集まりに行ったその人たちは、自分の意思でそちらを選んだのでWさんが招待しなかったわけではなく、誰にも不義理をしていない……みんなにとってよい状態となったのです。「自分の大好きな人たちと楽しい時間を」というWさんの本来の目的がかなったのでした。

同じ日に重なったことこそ、これ以上ない「ベストなこと」だったのです。

国際的なイベントの進行役を探していたIさんは、知り合いからアナウンサー（Eさん）を紹介されました。有名なニュース番組を担当したこともあり、そのイベントの内容にも関係があることから、IさんはEさんに進行役をお願いすることにしました。

様々な調整の上で進んでいたはずが、イベントの3週間前になってEさんが辞退したいという連絡をしてきました。Iさんは窮地に陥ります。イベントまで1ヶ月を切っている状態でまったく別の新しい人を探さなくてはいけない……そのイベントの条件が複雑なため、普通に探していては見つけることが困難な状況でした。

ところがその後、あることをきっかけに意外な人を思い出して連絡したところ快く引き受けてもらうことになり、結果的に「この人にお願いして本当によかった（この人でないと務まらなかった）」と感じることが様々な場面で起きたといいます。そしてイベントのあとにも長く続く新しいご縁となりました。

その流れを経験してはじめて、Iさんは、「直前にEさんからキャンセルされたのは、実はベストなことが起きていたんだ」と痛感したのです。あのままEさんで進んでいたら、当日のあの結果は導き出せなかったと言います。

実は、Eさんに辞退される前から、進行役がEさんになることを考え直したくなるような事柄が多々起きていたそうです。それでもEさんの知名度や表向きを考えて、そのモヤモヤを無視して進めていたのでした。

本音に反したことを進めていると、直前になって、それを調整するようなことが起こります。そのエネルギーにふさわしくない人は、最終的にはじかれるようになっているのです。「はじかれる」といっても、Eさんが劣っているということではなく、そのイベントとEさんのエネルギーがずれていた、というだけです。

人と人が関わる事柄にはよくこうしたことが起こりますが、お互いにとってベストなことが起きている、思わぬ事態が起きたときもすべてうまく進んでいるのです。

あなたには常に最善のことが起きている②
——それが手に入らなかったのはなぜ？

Oさんには、以前から自分が住みたい（欲しい）と思っている物件がありました。都内の低層階マンションで世帯数が少なく、一般に空き情報が出ることはまずないという「知る人ぞ知る」ヴィンテージマンションです。

Oさんは意識を整えて気持ちを集中させ、思い始めて2年後に、その物件に10年ぶりに空きが出るという情報をつかみました。Oさんは大喜びで手を挙げて、先方の希望する条件そのままで、購入を申し込みました。先方も喜んで、とんとん拍子に事が進みました。

ところが、ほぼ決まったかに見えたところまで進んでから、突然別の人が現れ、結果的にその人が購入する権利を獲得してしまいました。Oさんにしてみると、あと少しのところで、突然出てきた人に持っていかれてしまう形になったのです。

Oさんはガックリして、自分は住宅に関して本当に運がない、と思いました。他はすべてうまくいっているのに……。ここ以外に住みたいと思う場所はないのに……。すぐそこにチャンスがあったのに……。

ですがOさんは引き寄せの法則を理解している人なので、すぐに気持ちを切り替えて「これもきっと、〝こうなるほうがよかった〟という理由があるのだろう」と思い直しました。実際はかなり気持ちが落ちていたそうですが、唯一、「そう考えると少し気持ちが楽だったから」だと言います。

すると、それからしばらく経って、Oさんの経営する会社に海外進出の話がやってきました。

進み始めると、なにかに後押しされているように事業が拡大し、Oさんは家族と一緒に一時的に海外に移住することになります。海外進出は、以前からOさんが望んでいたことでしたが、まさか移住するほどまでに拡大することになるとは予想外だったのです。

「もし、あのときあの物件を購入していたら、身動きがとれなくなっていたかもしれない」とOさんは言います。

自分の望んでいないような方向へ話が進んでいるように感じても、常に最善のことが起こっているのです。なににとって最善かと言えば、「その人が心から望んでいることに対して」です。

どちらも同じように望んでいましたが、実現する順番が、Oさんが考えていたものとは違いました。Oさんから見れば、「海外進出より物件のほうが簡単だ」と思っていましたが、宇宙の見ているタイミングは逆だったのです。

マンションの購入権利を失ったとき、「これもきっとベストなことが起きているのだろう」とOさんが思った通りの展開になりました。

これ以降、Oさんは「ベストなことが起きている！」と頑張ってそう思うのではなく、心から「そっちのほうがいいに決まっている（なぜなら最善のことが起こっているから）」という感覚に切り替わったと言います。

さらにもうひとつ、この話は、「ひとつがかなったら、もうひとつはあきらめる」という話でもありません。両方を同じ気持ちでワクワクと望めば、順番の違いはあっても、どちらもそのまま展開していくのです。

「これがかなったら、あっちは無理だろう」という妙な思い込みも、余計な思いです。あなたが「あっちはもう望んでいない」と心から思うのであればいいですが、**物理的に不可能なこと以外は、両方を同じような純粋さでワクワクしていれば必ず両立していきます。**

あなたが意識を向け続けることが現実に現れるのです。

途中で、結果を早合点する必要はありません。

あなたには常に最善のことが起きている③
――すべては本当の望みをかなえるために起きている

あなたに起こることはすべて、あなたの本当の望みをかなえるために起きている「駒」のようなものです。

Rさんは、招待客が800人を超える大きな国際的なイベント（会議）を主催することになっていました。

開催日まであと数ヶ月に迫った矢先、イベント会社の手配ミスで、海外からの重要な来賓数名がダブルブッキングで来日できなくなる、という事態に陥りました。大勢の人が関わっている以上、その人たちが出席できなくなるのはイベントとして大きな痛手でした。

さらにそれから1ヶ月後、これも同じイベント会社のミスで、招待客に持ち帰っていただく予定の「お土産」に不備があり、全員に同じ内容のものをそろえられないことになりました。

Rさんは、イベント会社の不手際と度重なるミスに、怒りでいっぱいになりました。

ですが、「すべてベストなことが起こっているはず……」ということを思い出し、自分が居心地よく感じられるほうへすぐに気持ちを切り替えました。

それはつまり、「とにかくこのイベント自体が大成功する」と思うことでした。そのミス自体に対してのリカバリーは思いつかなかったので、「そう考えるしかない」という理由で、それを思い描いただけでしたが、実際にそれに沿って物事が進んでいきます。

しばらくして、来日できなくなっていた来賓が、イベントまでの2ヶ月間に本国でのスキャンダルに巻き込まれました。

事実はどうであれ、そのイベントの趣旨を考えると「今、その人が登壇するのはふさわしくない」という判断になり、最終的に「来られないことになっていて本当によかった」という結果になったのです。

同時進行で、ミスを重ねたイベント会社が責任を感じ、新たに手配するお土産の価格を半分近く下げてきました。その値引きの金額は、イベント全体の収支の中で、赤字として計上されていた金額とほぼ同額だったといいます。

そして、新たに用意した数種類のお土産は、それぞれの招待客にぴったりのものがいき渡り、「ここまで細やかに考えられているとは素晴らしい」という称賛までいただく結果になりました。

まるで、来賓のスキャンダルを予知したかのように事前にキャスティングを調整し、はじめから数種類のお土産を用意したかのように映った……この結果にRさんは鳥肌が立つたと話しています。

ここで大事なことは、途中で起きた数々の出来事が「なににとってベストか」ということです。

途中で問題が起こると、「その来賓が来られないこと」が痛手のように感じますが、本来の目的はその来賓が来ることではなく、お土産の品物の数が間に合うことでもなく、そのイベント自体が成功してみんなの幸せの量が増えることです。

結果的に「イベントが大成功する」というRさんの本来の望みにとってベストなことが起きていたのです。

先に書いたイベントの進行役が直前に変わった話と同じように、本来の望み（エネルギー）とずれているほうへ進んでいると、途中でそれを修正させられることが起こるときがあります。今回のケースでも、「その来賓は今はふさわしくない」ということで、事前に修正が入ったのでしょう。

これをまわりから見ると、先の展開は見えていないので、不本意なトラブル、予想もしていなかったこと、運の悪いこと、誰かのミスの結果の失敗、と映ります。

お土産の手配ミスも、事実だけを見るとミスにしか感じませんが、そのおかげでその後にディスカウントがなされ、結果的に予定外の赤字部分の埋め合わせとなったのです。

一度進んでいる物事を修正させるには、ある程度大きな事態を起こして全体に揺さぶりをかけないと方向転換ができません。**その「トラブル」は、変わるきっかけだった**のです。

「いろいろあって途中は大変だったけど、イベントは成功したからよかった」という話ではなく、「途中のいろいろがあったおかげで、イベントが成功した」のです。

「あるがままを受け入れる」とはどういうこと?

よく、幸せな人生の極意のような表現として、「あるがままの状況を受け入れる」という言葉を聞くことがあります。

わからなくはありませんが、「受け入れる」とは、つまりどういうことだろう? と長年考えてきました。

我慢するのではなく、あきらめるのでもなく、受け入れる……。受け入れるのが自分の望んでいない状況の場合は、そこに少なからず我慢やあきらめの感情が入りそうだと感じていました。

ですが、この1、2年でわかってきました。

「受け入れる」というのは、その状況に対して自分が居心地よくなる捉え方をする、ということなのです。自分の気持ちが楽しくなる考え方を見つける、ということです。

そうでなければ受け入れられないので当然と言えば当然ですが、「頑張ってそう捉えて、嫌だけれどなんとか受け入れるしかない」というレベルの話ではなく、心地よくなるような捉え方をすると、そこに引き寄せの法則が働いて実際にその通りに展開していくので、知らないうちに受け入れていることになる、ということです。

先に書いた飛行機の席の話も同じです。

その人が、そのハプニングに対して自分が楽に、楽しくなる捉え方をしたら、もっと楽しくなる状況になった……つまり、**なにかが起きたときには、自分が思った通りに展開させられる**ということです。

自分がAと捉えればAになり、Bと捉えればBになります。

すでに一定の望まない方向に進んで加速していたものでも、あなたが今日から望む方向へ意識を向ければ、変わるきっかけが起きてくれるのです。遅いということはありません。

高速道路のジャンクションに似ている気がします。分かれ道はいろいろな道が入り乱れてゴチャゴチャになっていますが、だからこそ、自分の行きたい方向をもう一度考えて方向転換することができ、それをきっかけに変わることができるのです。

あなたが、それをどう捉えるかが勝負なのです。

目の前の物事を否定すると、夢の実現が遠ざかる

――起業した主婦Cさんの場合

「受け入れる」という選択は、夢や望みと同じ波動になることです。自分が心地よく感じられる捉え方をして、自分をワクワクした波動にすることだからです。

ですから、目の前の事柄を受け入れるというのは、全体から見ると、夢や望みを受け入れることと同じになります。

逆に、**目の前のことを否定したり拒絶したりするのは、自分がモヤモヤするように物事を捉えるということなので、全体から見れば夢や望みから遠ざかる、ということになります。**

目の前のことを
ワクワクして
受け入れるのは、
これを
受け入れている
のと同じ

3才の子供がいる専業主婦のCさんは、自分の夢だったオーガニック食料品のお店を始めようと決めました。

順調に準備を進めていた矢先、息子を見てくれていた頼りになるベビーシッターが突然やめてしまいます。その人の協力なしに仕事をしていくことはできず、すぐに預けられる先もない状態にCさんは困りはて、このタイミングで突然やめてしまったシッターさんに腹が立ちました。自分がどれほど思いを温めてきたか、満を持して準備にとりかかったことをよく知っていたはずなのに……まるで裏切られたかのように気持ちをそがれてしまったのです。

ですが、その後すぐに気持ちを切り替え、その状況を自分の気持ちがよくなるように捉え直しました。

- もっとよいシッターさんが出てくるかもしれない
- これまでとは違う形で仕事をするほうがよいということかもしれない
- 子供と一緒にいる時間を増やしたほうがいいのかもしれない
- なにより、私たち家族にとってベストな形になるだろう結局、一番最後の思い方がすべてを網羅した「心地よい捉え方」です。内容はわからないけれど、最終的に一番よいようになる、こっちのほうがよいからそうなったのだろう、と心から感じると安心するのです。

その後Ｃさんは、プライベートの施設で子供を預かってくれるところを探しましたが、どこも条件に合わず、また条件に合ったところはなぜか子供が嫌がるなど、自分が明るい気持ちになるところに出合うことができませんでした。

ですが、数々の施設や保育園をまわっているうちに、思わぬギフトもありました。世のお母さんたちのニーズがリアルにわかり、自分が始めるオーガニックのお店について新しいアイデアが次々と湧いてきたのです。修正が必要な箇所も見つかりました。

そのうち、状況を知ったＣさんの義理のお母さんが、ベビーシッターの役を買って出てくれました。

これまでＣさんは、義理のお母さんにはいっさい頼らないようにしてきたのです。自分の仕事のために子育てを犠牲にしているように思われたくなかったことと、それを理由に口を出されるのが嫌だったからでした。そのため、はじめにその申し出がきたときも断ろうと思ったと言います。

ところが実際は、義理のお母さんはもっと自分を頼って欲しかったのです。でもなかなか言い出してくれないために自分では力不足だと思い、遠ざけられているように感じていた……お互いに遠慮して、相手を気遣おうとした気持ちが違うほうへ進んだ結果でした。

この経緯を経て、お店を出そうと決めた半年前とは状況がまったく変わっていました。いつの間にか、身内の手で子供の世話をしてあげることができる環境になり、それによってお義母さんも喜び、お店についての新しい情報もたくさん集まっていたのです。

Cさんが望むようなお店を始めるには、これまでのベビーシッターという形を変える必要があったのでしょう。

だから、変えざるを得ないように物事が動いたのです。

一番はじめに起きた「今までのシッターさんが突然やめる」という事態を否定したり、受け入れなければ、そのあとに続く流れもやってこなかったことがよくわかります。

目の前のことを否定するのは、夢の実現を否定するのと同じ、というのはこういうことなのです。

望みを形にするためにそのイメージングを始めたら、次にすることは、すべてのことに居心地よく感じる捉え方をして受け入れ、日常生活のあらゆる場面でワクワク過ごすことなのです。

「受け入れること」と「我慢」の違い

たまに誤解が起こるようですが、「受け入れること」と「我慢」はまったく違います。

すべてを受け入れる、というのは、状況を我慢して飲み込むことではありません。

「受け入れる」というのは、これまで書いてきたように、自分が進んでいる状況で想像もしなかったようなこと（トラブルと感じるようなこと）が起き、それを避けることはできない場合に、それを否定するのではなく、自分にとって心地よくなるように捉える、ということです。「自発的に」自分が心地よくなる道を選択することです。

それに対して「我慢」は、自発的なものではありません。自分の人生で経験したいことに集中せず、目の前に起きる事柄に流されて状況をただ引き受ける受け身な姿勢です。

同じ状況でも、そこに自分が居心地よくなる捉え方をして自発的に選ぶ場合は受け入れたことになりますが、本音とは違うものを理性で押しこめれば我慢になります。

「理性で」と言うと、きちんとしている正しいことのように感じますが、理性は頭で考えたことなので、それが心の感覚とずれているときは、あとになって必ず不具合が出てきます。

その不具合が体調の悪化として出る人もいれば、人間関係の悪化で出る人もいれば、全体的な流れや運の悪さに現れてくる場合もあります。

逆に言うと、流れの悪いことが連続して起こるというときは、「どこかで無理をしている」ということです。起きていることには、すべて原因があります。

「我慢は偉い」という妄想は、そろそろやめるべきです。というより、我慢を好むのもその人の自由……「我慢するべき、我慢が美徳」と思っている人は、引き寄せの法則でその人自身が我慢せざるを得ない状況になる、ということです。

どう考えても、心地よい捉え方ができないときは？

――自社工場がストップしたＡさんの場合

思わぬことが起こり、その状態を悲しく、残念に、ガッカリと思ってしまうとき、その気持ちを長く味わい続けていると、その気持ちに引き寄せが起こるので、状況を加速させるようなことがさらに起こります。

一度ガッカリしても、すぐに自分が気持ちよく感じる方向へ意識を向ければ、ネガティブな引き寄せは止まり、捉え方次第で、よりよい状態にもなります。

ですが、どう考えても、**その状態に心地よい捉え方ができない場合は、「よくわからないけれど、面白いことが起こり始めた」と捉えてみるのも方法のひとつ**です。

「常に最善のことが起きているのだとしたら、これが一体どんな展開をしていくのだろう……」と、先を見守る感覚です。

数年前のこと、Aさんの経営している工場の生産ラインが、思わぬトラブルで完全に止まってしまったことがありました。

部品の一部を発注していた下請けの会社に不備が発生し、それがメディアでも取り上げられ、その部品を使っていたAさんの工場の生産ラインが止まってしまったのです。

その時点で別の会社に発注をかけても納期に間に合わず、納品ができないばかりか、損害賠償責任をとらされるかもしれない状況になりました。

物事をプラスに捉えることが得意なAさんでも、その状況自体にはどう考えても「気持ちのよい捉え方」が見つかりませんでした。

長年付き合いのあるその下請け工場は、これまで一度もトラブルを起こしたことはなかった……そこでAさんは、「これまでになかったことが起きている」ということに意識を向け、「よくわからないけれど、面白いことが起こり始めている」と思うことにしました。

これがどんなふうに決着を迎えるのだろう、と展開を楽しみに思うことにしたのです（ただし、実際の当時の心境は、「楽しみに思う」まではほど遠く、ドキドキしながら流れを見守る、という感覚だったそうです）。

すると、その数日後（事態が発覚した翌週）、問題を起こした下請け工場から連絡が入りました。「今受けている分は納品できないが、来月の分から同じ作業を～～の工場が請け負ってくれるように手配しました」というのです。

下請け工場が、自分のライバル社とも言うべき他社に連絡して、Ａさんの工場で必要な部品をいち早く製造してくれるように話をつけた、ということです。

そんなことがあるだろうか、とＡさんは思いました。それは、長年付き合ってきた下請け工場が、Ａさんに感謝と謝罪の気持ちでとった行動でした。

実は、Ａさんの会社は、以前から下請けを別の工場へ変更したいと思っていたのです。ですが、先代から付き合いのある下請け工場との付き合いを終了することは難しく、実行できずにいたのでした。

このトラブルによって、Ａさんは堂々と発注先を変えることができたのです。まさかこんなギフトが隠されているとは……まさに「面白いことが起こり始めている」の通りの、意外な結果となりました。

一見トラブルと感じられる事柄の裏には、実は「大いなる別の意図」があります。

これまでずっと続けられていた体制を変更するには、これまでにないことを起こす必要がありました。そのトラブルは、よりよい方向へ方向転換できるきっかけだったのです。

思わぬトラブルが起きたときの意識の使い方

ここで問題です。

自分で運転する車で出かけた外出先で、あなたは免許証を忘れたことに気づきました。もし、運転中に捕まった場合、免許不携帯は減点1点ですが、次に減点されると免許停止になる状態でした。そんなときに限って、その時期は全国交通安全週間……街のいたるところに、違反を捕まえようとしている警官が待ち構えています。

先の予定を中止して自宅に取りに戻るとしても、その途中に捕まってしまうかもしれません。かといって、様々な事情により車を置いて移動することもできません……こんなとき、家に帰る車中でどのような意識を持つのが最善でしょうか？

もちろん、「捕まってしまったらどうしよう」と不安に思うのは最悪です。「捕まる」という状況を引き寄せるでしょう。

「捕まらないようにしよう」というのもよくありません。「捕まる」ということに意識を向けているのと同じだからです。

「免許を持っているつもりになる（持っていると思い込む）」というのも無理があります。「持っていると思い込む」というのは、「持っていないこと」を認めた上に出てくる考えだからです。本当に持っていれば、免許のことなど考えもしないはずです。

では、別のことに意識を向けて免許のことをいっさい考えないようにする……これが実際にできれば素晴らしいですが、たいていの人は、忘れようとすればするほど浮かび上がってくるので、目の前に不安要素が短時間で起きている場合は現実的ではありません。

正解は、「まったく問題にはならない」という意識を持つことです。

免許があってもなくても、捕まっても捕まらなくてもどちらでもよく、どんな状態になろうと、なにがあっても、それによって自分は困った状況にはならない、問題ごとにはならない、という意識を持つことのです。

思いがけないトラブルが起きたとき、最終的に一番効果的な意識の使い方はこれです。「まったく問題じゃない」ということ、あなたに悪いようにはならない、と思えばいいのです。

（これは、免許不携帯を承認、または推奨しているわけではありません。あくまで「思いがけないひっぱくした状況」の「たとえ話」ですのでご了承ください）

日常生活ですべてを心地よく捉える練習をしよう
——今日の私の1日

これまでに書いてきた「すべてを心地よく捉えるコツ」は、比較的大きな問題を例にあげてきました。

ですが、大きな出来事に対してよりも、日常の小さなことに対して実践するほうが重要です。その人にとっての大きな出来事は、そうそう頻繁には起こらないからです。
それよりも、日々の小さなことすべてに対してワクワクした波動で向き合うほうがよっぽど大事、そのほうが時間にすると長いからです。

たとえば、仕事でもプライベートでも特別な予定がなにもない私の「今日」に、私が最大限プラスの捉え方をした例です（↑原稿執筆当時は12月です）。

朝食のあと（夫が出かけたあと）、アマゾンから配達があり、息子のオムツに間違えた商品が届きました。履歴から注文したはずなのに、しかも今日に間に合うようにわざわざ急いでもらったのに、いつもと違う形（履かせるパンツ式）のオムツが届いたのです。「も〜、なんで間違うのよ……」。家の買い物をお願いしているお手伝いの人が間違えたのか、アマゾンがミスをしているのか知りませんが、すでに開封したものを返品したり、履歴を調べたりすることを考えると気持ちがモヤモヤしてきます。
そこで、「そろそろ『履かせるタイプ』のほうがいい頃なのかもしれない」と思うことにしました。すると、「これでよかったんだ」という心地よい気持ちになります。

その日は親戚に息子を預かってもらうことになっていました。預けに行った帰り、ふと、「新しくできたカフェでパンを買おう♪」と思いました。頭で考えると、そのお店はいつも混んでいる表通りにあり、近くに車も停められない場所なのです。でも今日はなんとなくそこに行きたかったのでためしに行ってみると、カフェの隣に新しく駐車場の「タイムズ」ができていて車を停めることができました。

オフィスに着いて、今日やるべきことをザッと確認します。頭で考えると、一番締切りの近い原稿からとりかかるべきですが、考えて一番ワクワクするのはクリスマスツリーを出すことだったのでクリスマスの飾りつけを始めると、その途中で、12月23日までに手配しておかなければならない大事な用事を思い出しました。調べてみると、「今日手配しないと間に合わない」という状況になっていて、「思い出して本当によかった」という結果になりました。

クリスマスの飾りつけのおかげで華やかな気分いっぱいで仕事を始めると、思っていた以上に楽しく進みました。

途中、私が一部関わっている仕事が「〜〜という困った状態になっている」という連絡が入りました。それは困った……と思いましたが、よく考えてみると、今、私が直接できることはなにもないので、それがベストなほうへ向かうことだけを神棚に祈って、あとはいっさい考えないことにしました。ボーッとしているとつい考えてしまいそうになるので、来月ある楽しい予定を考えたり、同時進行させているいくつかの仕事の中から一番気が乗るものへどんどん移りながら作業を進めました。

次に、宅配業者から「今日届ける予定の荷物が明日になってしまう（ごめんなさい）」という連絡が入りました。本当は、その荷物を再梱包してその日の午後に別のところに出す予定だったのですが、ミスと考えるとモヤモヤするので、「明日のほうがいいのかもしれない」と思い直しました（すると翌日の朝、その送り先にもうひとつ届けたい品物があることを思い出し、まとめて発送することができました）。

夕方、息子を迎えに行くとき、間違えて約束の時間より30分早くオフィスを出たので、先週行けなかった神社へ寄ることにしました。お参りをしてから迎えに行くと、いつもは見かけないマンションの管理人さんが玄関の前で掃除をしていて、マンションの空いている駐車スペースに車を停めさせてもらうことができました（今日は預け先の親戚から部屋に寄るように言われていたので、助かりました）。

夜、旅行に行っていた友人たちが遊びにきました。たくさんのお土産の中に、クリスマスカードが入っていました。ちょうど数日前、「あと5枚クリスマスカードが足りない……もう少し多めに買っておけばよかった……」と思っていたのですが、ネット注文で欲しいカードが見つからないのでほうっておいたのでした。それと同じ枚数だけ、カードがきたのです。しかも、私が欲しかった大判サイズのアメリカのクリスマスカードで、探していたタイプにぴったりでした。

特別な予定はなにもない今日1日のことをなぞっただけでも、「自分が心地よくなるように捉える」ということがためされる機会は山のようにあります。「そのとき一番気が乗ることから始める」「考えてモヤモヤすることは考えない」など、すべて自分の気持ちをよい状態にしておくことに集約されます。

そして、すべてにその捉え方をしていると、上記のような目の前の小さなことだけを見ても流れはよくなり、より大きなことに対しても、私の夢や望みが具体的な形をとって現れてくるのです。

思い返してみると、これまでの中で、それが一番顕著《けんちょ》に表れたのは、私がはじめの単行本を出したときでした。

留学先のロンドンから帰国して、なにをしてよいかわからなかったとき、両親に言われるままに「自分が幸せを感じながら仕事をしている状態」をイメージしました（そのとき、「具体的な職業を」と考え始めるとわからなくてモヤモヤするので、特定しませんでした）。

次に、そのとき目の前にあった家庭教師の仕事を楽しくこなしていたら（受け入れていたら）、そのうちのひとつの家庭の紹介で、ある出版社の会議室の椅子の張替えをたのまれました（私がインテリア関係の勉強で留学していたからです）。

それも喜んで引き受けたら、作業の途中にその会社の社長さんと知り合いました。

私がイギリスで経験した「運がよくなるコツ」を話しているうちに、「それ、面白いから本にしませんか？　うちは出版社なんですよ……」という経緯で出た本が、『あなたは絶対！運がいい』という私の代表作だったのです。

思い返してみると、あのときは、「こうしたい」という状態を宇宙に発信（オーダー）したあと、ただひたすら目の前にやってくる事柄を喜んで受け入れ、なんの心配もせず、目の前のことを楽しんで暮らしていただけでした。まさに「自分が心地よくなる捉え方をし続けた結果」だったのです。

家庭教師を楽しく進めることと本を出すことは、なんのつながりもないように感じましたが、今思うと確実につながっていたのです。もしあのとき、「これは私の望みには関係ない」と頭で判断して受け入れなかったら、そのあとに続く展開を味わうこともなかったでしょう。

第4章

目の前の「今」が夢実現につながっている

日常生活での実践ワーク

憂うつなことは、すべてあなたが創り出している

今、あなたが抱えている「憂うつなこと」のほとんどは、あなた自身が自分で創り出しているものです……と言うと、多くの人が「そんなはずはない、その出来事を起こしているのは自分ではない」と思うかもしれません。私もそうでした。

ですが、よく考えてみると、実際にそれが目の前で起きている時間はわずか数分、数十分なのに、そのあとにそれを長々と引きずって考え続けていませんか？　それはもう目の前にないことなのに、です。

たとえば、ある日曜日、友人とカフェでお茶をしていたときのことです。

その友人が、同じ時間に大事な約束をしていたことを思い出しました。うっかり忘れて、私とカフェでお茶をしていたのです。友人はすぐに約束していた集まりへ連絡しました。

もちろん、忘れた集まりも「お茶」なので（笑）、それを忘れても現実的に一大事にはな

りません。ですが友人は、忘れてしまったことで頭がいっぱいになりました。

〝どうして自分はこうなんだろう。次に○○さんに会ったらお詫びをしなくちゃ……あの人はうるさい人だから面倒だなあ……面倒といえば、年賀状の準備をしなくてはいけなかった……そうだ、△△にも連絡しなくちゃいけなかった。あ、あの返事もまだきていないけど、どうなるんだろう、うまくいっていないのかもしれない。ああ、そんなときに限って腰が痛い……もっと健康に気をつけなくちゃ……。本当は運動したかったのに、先週もできなかった……〟

これは、約束をすっぽかしてしまったその友人が、それを思い出してから急に黙り込んだのを見て、今、なにを考えているのか私が実際に聞き出した内容です。

ひとつのことをきっかけに他のことに考えをめぐらし、そのうちに余計な心配ごとや不安、今考えてもなんにもならない妄想や後悔など、モヤモヤすることを自分で探し出し、自分で気持ちを暗くしていることがわかります。

これに近いことが、私も含め多くの人の頭の中で起きています（起きるときがあるはずです）。そのすべてが、今、目の前で起きていることではありません。自分の妄想です。目の前で起きていたあいだは事実ですが、「今」は私とお茶を飲んでいる、ということだけが事実です。

目の前で起きていた数分間は心が沈んでも仕方のないことですが、それが終わってからも考え続けているのは１００％本人の選択です。ただの妄想で暗くなっているだけですが、それを続けていると、その思いがますます膨らんで力を持っていきます。そして、その感情をさらに深く強く味わい始めると、それが現実に起こるのです。

ですから、それについての現実的な対処（この場合は先方に連絡する）がすんだあとは、そこに意識を留める必要はまったくありません。

引き寄せの法則を正しく理解していれば、こういうことは減っていきます。

心がモヤモヤし始めた途端に「今、自分のやっているこの考え方こそが、ネガティブな自分の未来を創っている」ということに気づくからです。

過ぎ去った過去のことではなく、今、目の前にあることに集中します。友達と会っているのであれば、そこでの楽しい会話、美味しい食事、まわりの景色、そのとき目の前に映るものの中から、自分が楽しく感じることを見よう、と決めるのです。

これは、実際にとても効果的です。私自身、自分の思考を観察するようになってはじめて気づけるようになりました。「あ、今のこれ、この余計なことを考えているこの考え方が必要ない。せっかく目の前にこんなに美味しいお茶があるんだから、こっちを見よう」と、まずは気づくだけで切り替わります。

これを繰り返していると、いかに自分が目の前のこととは別のことに思考を向けているかがわかります。そして、その多くは未来の楽しいことをニヤリと考えているのではなく、そのとき気になること、帰ってからしなくてはいけないこと、ちょっとした心配ごとなどに思考を向けているのです。すると結果的に、一日のうち大半は夢や望みとは逆の波動になっているのです。今、目の前の楽しいことを見てワクワクと過ごすことが夢や望みの実現に関係がある、ということを思い出してください。

反省は必要ない？

反省をしていいのは（効果的なのは）、それが起きたそのときだけ、です。

本当に反省したのであれば、次回から気をつければいいことです。いつまでも、その出来事を思い出して考え続けることが反省ではありません。

本当の反省は、「自分が改善するところ（もっとよくなる部分）がわかってよかった」という前向きな状態です。次から新しい自分をためすことができるのです。ですから本当の反省はとても短い……「次からもっと進化しよう」「これに気づかせてくれてよかった」と思うことだからです。

そして、このときに同時に思う「もっと早くに気づけばよかった」「もっとこうすればよかった」などは、それを考えるとモヤモヤし始めるはず……モヤモヤするのは「そっちに考えるのは違うよ」というサインなので考える必要はない、ということになります。そして、すぐに自分の気持ちが明るくなることに意識を向けるのです。

後悔は、（字の通り）起きたことに後から意識を向けて悔やむことなので、それをしてもなんの発展もありません。それどころか、そのときの波動に再び浸るので、当時と同じように望まないものを引き寄せます。

他人に対して反省の姿勢を要求するときにも、とかく、その人がうなだれている姿を求めるようですが、「次回に注目」で充分だと思います。

親にされたことと同じことを繰り返しやすいのはなぜ？

引き寄せの法則からすれば、「過去」について思い出していいのは楽しい思い出のみです。楽しかったこと、うれしかったこと、幸せを感じたこと、のみです。それを思い出したときにその影響を受けるのは現在の自分だからです。

思い出したときに前向きな感情が湧くことを思い出していれば、それと同じ質のことを未来に引き寄せ始めます。起きたことが過去でも、今の自分の波動に引き寄せが働くのです。

つまり、親にされたことと同じことを繰り返しやすいのは、（その経験を本人がよいと捉えていようと、嫌なことと記憶していようと）それを今思い返すことが多いからです。「運命」などではありません。単に、昔のことを思い出して考えている時間が長いからです。

知らないうちに意識を向けているので、それを本人がどんなふうに記憶していようと、同じ質のことを引き寄せやすくなります。

ですから、仮にそれが望まないことであれば、今日からそれを考えるのをやめれば同じ道を歩むことは起こらなくなります。改めて、「今日から自分の人生に望むことだけに意識を向ける」と決めることです。

「親がこういうことをしてくれなかったから」、または「親にこういうことをされたから」今がこんなひどいことになっている、という感覚になっている人たちも、今「親のせいである」という感覚を選んでいるのは自分です。

たしかに、子供のときは自分の意思で環境を変えることはできません。まわりの大人の思考に影響を受けるので、自主的に思考を変えるのも難しいでしょう。でも、過ぎた過去のことではなく、「今日から変えることができる」と思ったほうが心はホッとします。

「親がこういうことをしてくれたから良い、悪い」ではなく、今日から、あなたが自分の人生に望むこと、経験したいことだけに意識を向ければ、それだけを忠実に引き寄せることができるのです。

過去の悲惨な出来事が原因で、悪循環から抜け出せないときは？

過去に自分に起こった出来事や状況を悲劇的に捉え続ける人は、それをさらに悪化させる似たようなことが起こります。それが繰り返されて、とても抜け出せないように感じる現在まで発展したのです。

たしかにその出来事は、他の多くの人には起こらないような悲劇的なことだったと思います。

ですが、同じように悲惨なことが起きて同じような環境にあっても、全員が同じような悪循環にはなっていかない……「自分にそれが起きているのはなぜか」ということです。

ひとつの最悪なことを見つめ続けると、その思いがますます盛り上がって力を持ちます。

すると、小さな運の悪いことが起こり始め、それでも意識を向けている方向を変えなければそれが加速し、また同じことが起きてしまう、それが繰り返されるうちに、雪だるま式に少しずつ大きな「悪いこと」が起こり、ふと気づくととてつもなく大きな不幸を背負っている、という悪循環が生まれるのです。**悪循環が起きているというのは、引き寄せの法則が働いているということ**です。

「今日から自分が望む事柄に意識を向ける」と決めれば、必ずその状態から脱却できます。

最悪だと思える今の状況の中から、少しはましな部分に目を向けてみる……たとえば大変な事柄が10個あったら「11個ではなくてよかったと思う」、その中でも、「これはあれに比べれば問題が小さいからよかったと思う」、「なんだかんだ言って、今日も生きていてよかったと思う」……そうやって、今ある状況の中から少しはホッとする部分に意識を向け続け、少しずつ、より明るいほうへ思考を移動させていくと、前より少しよいことが起こり始めるのを感じることができます。

それに気持ちを集中させていると、その「前より少しよいこと」に次の小さな明るいことが引き寄せられ、それがどんどん加速して、いつの間にかネガティブな悪循環の世界から抜け出しているはずです。一度その仕組みに気づくと、あとは上向きの螺旋《らせん》スパイラルが始まって加速します。

本当に変えたいと思ったら、たった今から、今の自分の状況にほんの少しでもましなこと、ホッとすること、よかったと思えることを見つけ、そこだけに意識を向け続けるのです。意識を向け続ける、とは、考え続ける、ということです。

引き寄せの法則が適用されない、という人はいません。すべての人に等しく働いています。

心を惑わされない最強のコツ

突然起きたように感じる大きなハプニング以外の日常的なモヤモヤは、常に「そんな小さいことに心を惑わしている暇はある？」ということを思い出すと、うまくいきます。

あなたの時間は、あなたの人生で経験したいことを味わうためにあるのに、どうでもいいそんな小さなことにいちいち心を惑わしている時間はある？（→ない!!）ということです。

日常のモヤモヤの多くは、

①自分には関係のないこと
②自分の力ではどうしようもないこと
③人さまのことに首を突っ込んでいるとき
に出てきます。

たとえば、公共の場で見知らぬ人に嫌な態度をとられたとしても、運転中に乱暴な車が横入りしてきたとしても、あなたには関係ないことです（①）。もしその態度が社会的に大問題を招くことだとしたら、なおさら、その人の問題です。その人がいずれ解決していくテーマです。

天気をはじめとした自然状況や交通機関の乱れなどは、自分の力ではどうすることもできません（②）。今の自分にできる現実的対処がないのですから、それをボーッと見つめているだけではネガティブな創造を増やすだけです。これを心地よく捉えるとすれば、「これが自分の人生を乱すような大問題にはならない」と思うことです。

あなたが「絶対にこうあるべき」と思うことに反した行動を他人がとっても、その人はその人の自由に行動する権利があります（③）。それを「違う」として同調しないのは自由ですが、拒絶したり否定したりする権利はありません。拒絶したり否定したりすれば、今度はあなた自身が拒絶、否定される状況になり得ます。

自分の思う「絶対にこうあるべき」が万人にとって正しいわけではないので、それを強制しようとすると、相手が自分の思う通りにならないので苦しくなるはずです。苦しくなるというのは、宇宙が「その方向は違うよ」と伝えているサインです。

他人の行動は他人のものなので、「そんなことにあなたが心を惑わしている時間はある？（ない！）」ということです。

もっと、自分が自分の人生に経験したいことだけに意識を集中することです。

うまくいったときの自分のパターンを覚えておく

誰にでも、気持ちが下がるときはあります。

引き寄せの法則をかなり理解して実践している人でも、どんな種類の生活をしている人でも、その人なりに下がるときは必ずあります。

ですが、しばらくその状態が続いたあとに、突然気持ちが上向きになるときがあると思います。**急に気持ちが晴れた、グッと明るくなった、急にやる気が出てきた……そのとき、なにが原因でそうなったかを記憶しておく**のです。

やはり書き出しておくほうがよいでしょう。なにによって自分の気持ちが上向きになったかを観察していくと、自分のパターンが見つかるはずです。

気持ちが落ちているときは、なにをしてもそれほど上がるものではないはずです。気分転換や気晴らしに○○をしたとしても、根本的には解決していないので、その○○が終われば元に戻ってしまうのです。

ですが、自分にぴったり合致する「自分を上げる方法」は、いつどんなときにやっても効果的です。

人によっては、それはある本を読み返すことだったり、ある人と話すことだったり、ある場所に行くことだったりしますが、同じ方法が他人にも当てはまるわけではなく、「自分専用の事柄」なのです。

私にとっての「それ」が見つかったときは、落ちていた気持ちが突然パッと上向きになったときに「どうして上向きになったんだろう」と考えたことから始まりました。

そして、前回も同じ方法で復活したことを思い出したのです。

正確に言うと、前回とそのときで行動は違うのですが、「そのときに考えたこと」と同じでした。

おそらく誰でも、**その「行動」によって復活するのではなく、それによって「考えたこと」や「なった気持ち」によって復活する**のです。

たとえば、あなたの気持ちが上がるパターンが「〜〜に行ってまわりの景色を眺める」という場合、そこに座って「考えたこと」があると思うのです。

それを思い出すと、

いつも「これでいいんだ」と思えてホッとする
いつも愉快な楽しい気持ちになる
いつも活発な自由な感覚になる

その考えが、その場所に行ってそこに座ると出てきやすいのでしょう。

その環境に浸るとできる、その人と一緒にいるとできる、その本を読んでいると刺激されてそうなる、という具合です。

私の友人たちも、「いつも決まった〜〜の番組（録画）を見て、自然の中で気持ちよく暮らしている人たちを見ると、自分の方向性を思い出して復活できる」とか、「いつも〇〇の伝記を読み返すと、小さいときに言われた〜〜という言葉を思い出して復活する」という独特の方法を持っています。

体も、あなたの思った通りに反応する

友人のHさんが、手に大やけどをしたときのことです。

料理の最中に、焼いていたステーキがベロンと手の上にのってしまったそうで、見るも痛々しい赤い大きな水ぶくれができていました。これはどう考えても跡が残るのではないかな……と私も思いましたが、本人はたいして気にしていないようでした。

意識の力はすごいもので、本人がそれほど気にしていないからこそ、まわりの私たちもそこに意識を集中させずにすむことができます。はじめの数分以外は、やけどの話に触れることもありませんでした。

２ヶ月ほど経って会ったとき、赤い水ぶくれはきれいになくなっていました。目立たないのではなく、まるでなにもなかったように影も形もなかったのです。

Ｈさんは基本的にとても陽気な人です。話していると、いつの間にか愉快な気持ちになります。おそらくそう思っている人は私の他にもたくさんいるでしょう。実際、彼女のところに遊びに行くと、他にも気楽に立ち寄った友人たちが重なることがあり、その楽しい空気が倍増するのです。たぶん、毎日いろいろな人と笑って過ごしているＨさんの波動が、この傷をなかったものとして解決したのだろうな、と想像できました。

それを認めた途端、急に痛みが強くなったり、悪化したり、という経験があると思います。風邪かもしれないと思って熱を測り、熱があることを数字として見た瞬間、急に体調が悪化する、というようなことです。そこに意識を向け始めたからです。

ダイエットを始めて、「これを食べたら太る」と思い始めたら急に太りやすくなった、という経験もあります。逆にダイエットのことなど考えず、好きなものを好きな状態で食べているときのほうが太りにくく、むしろ痩せていくこともあります。食べ物自体に興味が向いていないからです。実際、「この食べ物は太りやすい」と思うと、意識していないときよりカロリーを多く吸収する、という実験結果もあると聞きます。

筋トレをするときは「そこ」の筋肉を意識したほうが効くし、ある武道家によれば、「そのトレーニングを好き！　楽しい！　と思い始めると、通常の120％のトレーニング効果が出る」そうです。

ある外国人は、日本に来て「肩こり」という言葉を知った途端、肩こりを経験するようになった、と話していました。その概念がなかったときは、肩こりを感じたことはなかったのです。

ということは、**体にダメージを受けたときこそ、そこに意識を向けない、それがまったくないように捉えることが重要**になります。

たとえば、どこかを怪我して、まわりの人に心配されるたびに「大丈夫、もうすぐ治るから」と言う……。「もう治った」と言うことには抵抗を感じても「もうすぐ治る」「もうほとんど治っている」と言う程度は違和感がないでしょう。

痛いところがあるとき、「まだまだ長引きそう」と考えると憂うつですが、「もうすぐ治る、あさってには治るみたい」と思うとそれだけで明るい気持ちになる……ということは、そっちに考えればいいのです。

考えてみると、体の細胞はひとつひとつ生きています。

そのひとつひとつに自分の語りかける言葉の波動や意識が影響を与えるとしたら、「もう治った」「どんどんよくなっている」「前より健康」と言えば（思っていれば）そうなる、というのは至極当然のように感じるのです。

意識のパワーを使って健康になる生活習慣

これについても、自分の感じ方や感情が一番効果的なガイドになります。

簡単に言うと、自分が寝たいときに寝て、好きなものを好きなときに食べるのがその人に一番合っている健康維持法、ということになります。

私自身のことですが、上記のように、「ダイエットをしなくては」と思っているときよりも、なにも考えていないときのほうが理想の体重になります。

睡眠についても、「何時間以上睡眠をとったほうがいい」と言われて規則正しくそれを守っているときよりも、やりたいことがあれば夜中でも早朝でも優先する、もし眠たくなったら昼間でも寝る、というスタイルのほうが体は快適なことに気づきました（家族がいる以上、それを現実的にどこまでできるかは別ですが……）。

以前は、夜の11時から2時（正確な時間はわかりません）のあいだは細胞が再生する時間なので美容的に眠ったほうがよい、とされていたことが、最近では「眠りたいときにグッと深く眠るのが一番活性化する」ということを公言している医者もいます。

（そうはっきりと宣言する人が現れると、「これでよかったんだ」と自分の感覚を信頼するようになります。すると、ますます体調がよくなるのです）

「好きなものを好きなときに食べる」というと、野放図な偏った生活になりそうですが、自分の感覚をよく観察していると、野菜が不足しているときには野菜が食べたくなるし、ビタミンが足りないときは、それを含む食材を食べたくなる、総じて、体に「それ」が必要なときは「それ」を含む食材が自然と食べたくなるのです。

以前、体の状態を電気分解で調べる方法をためしたときに、私が普段から「あまり好きではない」と思っている食材は、そこに含まれている成分が私の体にはあまり合わず、逆に、あるもの（常識ではあまりたくさん摂らないほうが健康によいとされているもの）は、普通の人より量を食べても分解されやすい（吸収されにくい）体質であることがわかりました（もっと科学的な分析の結果の話でしたが、詳細は忘れました……）。

そして、「最近あるものが無性に食べたくて、凝って食べている」と話したら、そこに含まれている成分（たしか鉄分だったような気がします）が、今の私に欠けているから、ということがわかったのです。

体も、自分に必要なものを自分で判断して欲している（あるいは避けている）ということです。それを私自身が敏感に感じとってその通りに動いていれば、結果的に「理にかなった行動をしている」ということになるのです。

「１日〇品目食べないといけない」とか「～を含む食材を食べてはいけない」とマニュアル化されて守らなくてはいけない、とするよりも、自分の感覚を優先させたほうが結果的にうまくいくことを実感しています。

健康法に山のように種類があることも、「人それぞれ合うものが違う」ということを表しています。その健康法が万人にとって合うわけではなく、それぞれの体質によって合うものが違って当然です。

自分の感覚に敏感になっていると、今なにが自分の体に必要か、だいたいわかってくる……それらをまとめると、**「あなたの感覚で好きなものを好きなときに食べ、好きなとき**

に眠る」ということになるのです。

すべてを肯定的な言い方に言い換えよう

毎日使っている言葉は、その人の波動に絶大な影響を与えています。

実際、私から見て次々と思いを実現して心豊かに暮らしている幸せな人たちは、使う言葉にネガティブなものがない……必死にネガティブを避けている不自然な様子ではなく、自分が居心地よく捉えた結果なのです。

自分のことを観察してみると、未来や希望に対して否定的な言葉を使うことはしていないつもりですが、ふとしたときに否定的な言葉を使っていることがよくあります。

「それはダメよね」とか、「困った、どうしよう」とか、「それじゃあ、うまくいかないかも」などなど……。そのあとに前向きな言葉で終わるとしても、はじめにマイナスの言葉をたくさん吐いているのです。

もちろん、暮らしていく以上、その表現をしないと伝わらないことはたくさんあるので、

「絶対にマイナスの言葉を使ってはいけない！」と眉間《みけん》にしわを寄せて頑張るようなことではありません（それを守るために苦しくなるのは本末転倒です（笑））。

ですが、**「別の言葉で言い換えられる」ということはたくさんある**のです。

たとえば、

遅れそうな状態を急がせるときは、

↓「早くしないと遅れちゃう！」ではなく、

「少し早く行こう！」と言う

人が同じ失敗を繰り返したときは、

↓「どうして何回言ってもそうなの⁉」ではなく、

「こうすればもっとうまくいくんじゃない？」と言う

「風邪を引かないようにね」と言いたいときは、

↓「風邪に気をつけてね」ではなく

「栄養のあるものをたくさん食べてね」とか「ゆっくり休んでね」と言う

「これさえなければ完璧だったのにね」という状況のときは、

↓「ほとんど完璧ね」と言う

「〜〜にならないように気をつける」と言うときは、

↓「これでもう大丈夫」と言う

「〜〜を忘れないでね」と言うときは、

↓「〜〜をよろしくね」と言う

すべてを肯定的な言葉で言い換える、ということです。

言葉の使い方は完全にその人の癖です。癖なので無意識に発しているだけですが、それでも充分に相手と自分に影響を与えます。前向きな言葉を自然に使っている人と、逆に否定的な言葉が口癖の人としばらく一緒に過ごしただけで、どちらにも自分が影響を受けていることに気づくでしょう。

今日1日、自分がどれほど否定的な言葉を使うか、どれくらいすべてを受け入れる肯定的な反応をしているか、観察してください。

アファーメーションは本当に効果的か？

アファーメーションとは、「前向きな宣言」のことです。

先に書いた、怪我をしたときに「もうほとんど治っている」と言うのもアファーメーションのひとつです。87ページに書いた「自分の望みを見つける！」と宣言したのもアファーメーションです。前向きな宣言をして、自分の意識をそちらに引っ張るのです。

昔から、目標を口にすると実現力が高まるとされたり、目指していることを大声で唱えて気持ちを上げるような訓練法があったりするのも一部では理にかなっている……ですが、**一番大事なことは、そこに自分の気持ちが乗っているかどうか、**です。

その言葉を何度も繰り返しているうちに、本当に「そういう気になった」というのであれば効果的に作用しますが、形だけ唱えても効果は半減します。

イメージングと同じで、「自分の心が動くしっくりした言い方」というものを探す、それが見つかるとアファーメーションは効果的に作用します。

私は毎月新月の日に、新月のパワーを利用して自分の望みを書き出すようにしています(新月には、物事の成長や始まりを助ける力があるとされています)。このときも、「自分の気持ちが一番乗る、一番私らしい、一番しっくり来る表現」が一番効果的なのです(新月のお願いの仕方についての詳細は、『魂の願い　新月のソウルメイキング』ジャン・スピラー著、徳間書店を参考にしてください)。

アファーメーションも、最終的には「自分の気持ちが盛り上がること」が目的なので、そうならない人まで絶対にしたほうがいいわけではありません。

内容によっては、「宣言した途端に逆のことを意識してしまうので、あえてアファーメーションという形をとらないほうがいい」と言う人もいます。

ここでも、あなた自身がどう感じるか、それがガイドであり、答えを示しているということです。

毎朝のアファーメーションを習慣にしよう

朝起きたときに1日を前向きに感じるアファーメーションはすべての人に効果的です。

「今日1日、楽しいことだけに意識を向ける」
「今日も、すべて完璧な状態で進んでいく」
「今日、ものすごくいいことが起こる」

など、朝一番に、ワクワクしてくる言葉を唱えるようにします。

これをもっと集中的に時間をかけてする行為が、毎朝仏壇に手を合わせることであったり、特別なご真言やお経を唱えることであったり、トイレ掃除をすることであったり、瞑想することであったり……そのような行動につながっていくのです。

毎朝、今日1日がワクワクと感じられるアファーメーションをするのは、すべてにとって前向きな引き寄せを加速させます。


私は小学校からキリスト教の学校で育ちましたが、今思うと、「祈り」というのは究極のアファーメーションだったと思います。

なにか悲しいことが起こると、それが自然災害だろうと、同じクラスのお友達に起こったことだろうと、朝の礼拝でみんなで祈ったものでした。

「〜〜の人（たち）が、1日も早く穏やかな気持ちになれるようにお守りください」

「○○ちゃんが1日も早く元気になるように、神様の力を貸してください」

自分の望みや夢に対しても、

「～～となるように、今の私にできることを教えてください」

何事もない普通の1日は、

「今日も楽しいことがたくさんありますように」

「今日も美味しい食べ物をいただくことができて、ありがとうございます」

あれは実に効果的なアファーメーション、宇宙への宣言だったのです。

第5章

心地よい人間関係を得るための習慣

嫌いな人、苦手な人がいる場合はこう考えよう

人こそ選んでいい、の真の意味
——肩書や知名度のある人が精神レベルが高いとは限らない

人に対して、どんな理由であってもモヤモヤを感じたら、距離を置くことです。

これはもちろん、「自分以外の他人は信用しない」というような悲しい選択ではありません。立場や肩書や外見的なものから判断するのではなく、自分の感じ方で居心地よく感じる人と交流を深め、そうではない人には近づかなくていい……**人についても自分の感覚が宇宙からのガイドになっている、**ということです。

これを本当の意味で実践できている人はとても少ない……それは社会的に立場のある人こそ、打算や思惑で「政治的な動き」をする人がたくさんいるからです（比較的多い、という意味です）。

相手がどんな立場の人だろうと、どんな影響力のある人だろうと、また、他の多くの人が称賛していようと、逆だろうと、あなたはあなたの感覚、感情、本音（直感）で関係を決めていいのです。

１４８ページに書いた、「イベントの進行役が自動的に変更になった話」からもわかるように、その場にふさわしくないエネルギーの人なのに相手の知名度や肩書など頭で利益を考えて進めると、全体にとってよくない結果をもたらす可能性が高まります。

「類は友を呼ぶ」という言葉も、勘違いされていることがよくあります。「同じような肩書や知名度のある人同士、経済力のある人同士、同じような華やかさやバックグラウンドの人たちが集まる」という意味だと取り違えている場合がありますが、本当の「類は友を呼ぶ」は、その人の波動（エネルギー）の質によって決まるものです。

第１作目の『あなたは絶対！運がいい』で、人のレベル（段階）を表すものを「精神レベル」と表現しました。

精神レベルの高い人の中には、肩書のある人もいれば、知名度はまったくない人もいるし、同じような育ちをしている人もいれば、まったく違う人もいます。

現在の肩書や知名度、生い立ち、経済力、そしてなにをしているかという現在の活動も、精神レベルには関係ありません。

関係あるのは、その人が今、自分の人生（生活）に幸せを感じているか、という心の豊かさです。

精神レベルの高い人は、現在なにをしていても、どんな生活環境であっても、心から幸せを感じて豊かに暮らしています。その中には、経済的に非常に恵まれている人もいれば、自給自足の山の中でひとり静かに暮らしている人もいます（あくまで、たとえです）。

家柄のよい育ちをしている人もいれば、そうではない人もいます。

そして、現在の活動にしても、大きくわかりやすく社会に貢献している活動をしている人が全員精神レベルが高いわけでもありません。それは、その人が今、それができる環境にいるというだけです。

目に見える社会的な活動はなにもせず、ただ家族と普通に暮らしている人の中にも、精神レベルの高い人はたくさんいます。活動的には大きなことをしていても自分の環境に常に足りないものがあり、自分の思うように他者を動かすことに必死になっている精神レベルの低い人もいます。

今に満たされていながら常に自分の興味のあることがあり、毎日が楽しく、不満なことはひとつもない、と心から思える人ほど、精神レベルが高いことになります。

その人が向き合っている作業に、その人自身がワクワクして明るいものを感じ、情熱的に心を燃やしていたり、それをすることを心から楽しんでいるのであれば、それが多くの人に注目されるような活動であってもなくても結果的に誰かを救うことにつながっている……そもそも、その人自身が幸せになることがその人が生まれてきた役割です。この感覚になると、人はその人の自由に生きる権利があることがわかります。

その上で、「あなたと違和感のある人と関わる必要はない」ということなのです。

「距離を置く」というのは、「無視をする、否定する、仲間外れをする」というようなネガティブな行動ではなく、波動の違う同士が、お互いに影響のないところまで離れる、というプラスの選択です。

単に、今は向いている方向が違うのです。また合うときがくるかもしれない、そのときはまた距離感を変えればいい、ずっと同じ距離感で関わり続けなければいけない、というのも相手への強制です。

エネルギー体として常に変化している生身の人間だからこそ、そのときどきで、今の自分に合うものと関わればよく、その答えはあなたの感覚、感情、本音が知らせてくれています。

人についても他の事柄と同じように、望まないことに意識を向けなくていいのです（人を選ぶ、ということに関しては拙著『出逢う力』（宝島社）に詳しくまとめてあるので、そちらを参考にしてください）。

家族に対してモヤモヤを感じるときは——これからはよい意味で血縁が薄れる時代になる

モヤモヤする人から距離を置くというのは、家族に対しても同じです。

「他人に対して線を引くことはできますが、家族に対しては難しい（できません）。どうしたらいいでしょうか？」という質問がよくあります。たしかに家族のほうがハードルは高いでしょう。

だからこそ、そこに大きなヒントがあり、それを前向きに捉えて受け入れる必要があるテーマなのです。

先に書いたように、「受け入れる」とは我慢することではありません。あなたの気持ちがよくなるような捉え方をする、ということです。

まず、「この人はどうしてこんな考え方しかできないのだろう」と受けとめると、家族であれば余計に「なんとか変えたい、でも変わってくれない」という堂々めぐりで苦しくなるので（変えようとすると苦しくなるのは、その方法ではない！　ということです）、「この人も自由にふるまう権利がある」ということを思い出してみます。

次に、どう見ても相手が横暴で、その被害を自分が受けているように感じる場合は、「そのようにふるまう因果応報は、必ず本人が受ける」という法則を思い出してみます。

これは別に「罰が当たる（ことを期待する）」のではなく、その現象にだけ引き寄せの法則が働かないはずはない、ということです。

引き寄せの法則とは、結局「因果応報の法則」なので、その人が外に発しているエネルギーはそのまま自分に返ってくるのです。たとえ、その展開をあなたが見届けることができなくても、見えないところで必ず起きているので、それを気にしたり、見届けてやりたいと思ったりする必要はありません。

逆に、家族である以上、「そんな考え方をしていてはかわいそう（身内の自分が変えてあげなくては）」、と手を差し伸べたくなるときもあるはずです。そう考えるのはあなたの自由ですが、それは、相手がそれを望んでいるときにはじめて機能することです。

もしかしたら、そのようにふるまっている本人は意外と幸せかもしれません。変わりたいなんて、微塵《みじん》も思っていないかもしれないのです。

ですから、あなたがモヤモヤし続けるのであれば、他人と同じように離れていい、あなたがモヤモヤし続けるエネルギーのほうが、よっぽど全体にとってマイナスです。

これからの時代は、「血縁」というものは、（良い意味で）どんどん薄れていくと思います。家族をないがしろにしていい、という意味ではありません。家族だろうと他人だろうと、あなたが本当に気の合う人、波動の合う人、精神レベルの同じ人と交流を深めていけばいい、という意味です。

これまでは、「家族だからこうしなくてはいけない」という縛《しば》りがありました。もちろん、「家族だから○○できる、○○したい」という心豊かな愛の関わりもありました。

でも考えてみれば、その豊かな関わりは血縁の家族に限定しなくてもいいのです。

家族（身内）であっても、違う役目を持った違う人の人生です。違和感のある者同士が無理に同じ空間に居続ける必要はなく、逆に血のつながりはなくても、心が通い合う温かな関係を築ける人とは、従来の家族以上の関係で交流してもいいはずです。

最近では、120ページの別荘の話のように「血縁を超えた相続」が成り立ったり、家族ではない人と最期を迎えたいとする終活が見られたりしています。

働くスタイルも、ひとつの場所や組織に所属する形だけではなく、それぞれの居心地のよさに焦点を置いた自由なスタイルが出てきています。

すべてにおいて、自分の居心地のよさを基準にした選択肢が増えているのです。

自分を攻撃する人や気分を害する人ばかりがまわりにいるときは？

「せっかくいい気分だったのに、あの一言で台無しになった」と言う人がいます。

台無しにしているのは自分自身です。同じ言葉をまったく違うように受けとめる人もいるからです。

自分が心地よく感じることだけに意識を向ける、と決めていれば、その一言は聞いても気にならない……さらにそれを徹底していけば、はじめから耳にも入ってこなくなります。仮に相手が意図的にネガティブな思いを持って発していることであっても、自分の波動と合わないものは事前に避けることができるようになるのです。

よくあることですが、集団になったときに、いつもトラブルや問題ごとに巻き込まれる人もいれば、そんな問題が起きていたことなど知りもしなかった、という人もいます。自分の波動と同じものを引き合っているのです。

すべて、その感情を創り出しているのは自分自身ということに気づかない限りは、永遠にワクワクした波動になることができません。なにかがあるたびに、まわりのせい、環境のせいになり、そう思いたくなる状況をますます引き寄せていきます。


「こういうことを言われて傷ついた」と強調する人もいます。

相手に特別な意図がない限り、「傷ついた」という選択をしているのも自分自身です。

その言葉のマイナスの部分に焦点を当てて、「そのように見ている」のです。傷つけられたように感じる受け皿が大きいとも言えます。

そういうふうに捉えることが癖になっているので、ますます「そうとしか見えない状況」を引き寄せていきます。その人と行動を共にすれば、「傷つけられたとしか言えない状況」が実際に起きていることを実感できるでしょう。

ですが、その始まりは、どちらにも受けとれる出来事をそう捉えたことで引き寄せの法則が働き始めたからです。

たとえ相手に特別な意図（意地悪）があったとしても、そこに焦点を当てなければ、あなたが影響を受けることはありません。そしてその波動は必ずそれを言った本人に返るので、その影響で苦しむのはあなたではなく相手……なんの心配もいらないことになります。

その物事をどのように捉えるかは、完全にあなたの自由です。「絶対にこうとしか捉えようがない」と思えることでも、まったく違うように捉えている人もいる……そこに正解不正解はなく、あなたが捉えた通りに物事が展開していく、ということです。

だとしたら、自分が心地よくなるように捉えていったほうが断然、得です。ただの気休めではなく、実際にその通りに物事が進んでいくからです。

どうしても嫌いな人がいるときは？

そこに関心を寄せなければいいことです。

関心を寄せれば寄せるほど、嫌いな人はあなたの生活に侵入してきます。「侵入してくる」と書くと、その人が意図的に入り込んでくるように聞こえますが、単に、あなたが同じ波動のものを引き寄せているのです。

「私は公共のルールを守らない人は許せない！」と言う人がいました。

不思議なことに、その人と一緒にいると、ルール違反をしてまわりの迷惑になっている人とよく遭遇します。

ですが、それは自然なことでした。その人がいつもそこに関心を向けているからです。正義や正当性を主張して悪と戦う姿勢になっています。ですから彼女のまわりには、悪を正して正当性を主張する機会がたくさん出てくるのです。誰だって（私だって）、公共のルールを守らない人は嫌に決まっています……ですが、そこにあえてフォーカスする必要はありません。

そこに関心を向けるのが良い悪いではなく、「そこに興味を持てば、その状況を引き寄せる」というだけなのです。

ですから、自分の人生に現れてほしくない事柄には、それと戦うのではなく、関心を向けないようにすることです。

これは、冷たいことでも無責任なことでもありません。

すべての人が、「自分が望む事柄に目を向ける」ことを徹底すれば、それぞれの人にとっての望まないことは起こらないようになります。

引き寄せの法則を知らずに、人生は自分ではコントロールできないものだと思い、予測不可能な悪いことが起こるのを恐れて、未来に対していつも自己防衛をしている人は、本当に自己防衛しなくてはならないことがよく起こっています。

自分の財産や権利を侵略されないようにいつも他人を疑っている人は、また他人を疑いたくなるような事柄が起こります。

人間関係を例にすれば……揉めごとに巻き込まれないようにいつもみんなに気を遣い、

あっちにもこっちにも首を突っ込んで「よい人」をしている人に限って、ドロドロした問題ごとによく巻き込まれています。

人の評判ばかり気にして、先回りして自分の評判を上げようとする人に限って、評判は低いです。こんなに気を遣っているのになぜ？……ではなく、そこに関心を向けているからそれが起こるのです。

第1章に書いたインフルエンザの話のように、「インフルエンザのことなんて考えたこともなかった……」という人は起こる確率が低くなるのと同じです。

もし、望んでいない事柄に遭遇してしまったとき、たとえば先に書いたルール違反をしている人に遭遇したときの思い方は、「自分がしないようにしよう」というだけです。その人にわからせる必要はなく、そのモヤモヤした気持ちを引きずる必要もなく、それはその人の問題なのでその人にまかせることなのです。

「自分はしないようにしよう」と思う人がたくさん集まれば、そのルール違反はなくなります。

絶対に許せない人がいるときは？

あなたに対して、過去にとてもひどいことをした人がいたとしたら、その人が発した波動と同じものは必ず本人に返ってきます。この法則を逃れられる人はひとりもいません。

ですから、そのとき苦しかったことをまた思い返す必要はないし、苦しい仕返しの感情に浸ることもありません。あなたがそれをしてもしなくても、必ず因果応報は起こります。

あなたに「それ」をした瞬間、相手にも同等のことが返ってくると決まったのです。

誤解してはいけないのは、その嫌なことが相手に返るのは「あなたを傷つけたから」ではありません。それによって傷ついたのはあなた自身の選択です（どんな状況であっても、それを居心地よく感じるような捉え方、前向きな受けとめ方をすることはできます）。

あなたを傷つけようと、喜ばせようと、その人がまわりに対して発した波動と同じものをその人は引き寄せる、というだけです。それを「罰」と捉えるのはあなたの自由です。

とにかく、同等の事柄が必ず相手に起こるので、あなたが神様の役をして、そんなネガティブな作業を担当する必要はなく、あなたは自分自身の人生で経験したいことにもっと意識を向ければいいのです。

人は、「因果応報が必ず起こる（悪人がそのままのさばり続けるわけはない）」ということを知るとホッとする生き物のようです。本当にその人も同じ目に遭《あ》うかが気になる人もいるようですが、これは理想論やなぐさめではなく絶対に逃れることのできないルールなので疑いようがないのです。

あなたの大事な時間を、もっと大事なことへ使ったほうがいいと思いませんか？

他人の行動が、あなたの幸せを邪魔することはない

他人が自由に行動するのを認められなかったり、非難したくなったりする究極の理由は、それによって自分の幸せが妨げられるような気がするからです。自分の人生を邪魔されそ

うに感じる、自分の生活にマイナスの影響が起こるような気がするからです。

以前、私にも同じような経験がありました。ある人の行動が気になる……なぜ気になるかといえば、それによって私が被害を受ける、と思っていたからです。

ですが、結論から言うと、他人の行動が私の幸せを邪魔することはどんなときもありませんでした。自分の幸せを邪魔するのは、自分の思考だけです。

たとえ、相手が意図的に邪魔する行為をしていたとしても、です。

繰り返しますが、**その人が外に対して放つ波動（エネルギー）の影響を受けるのは、対象相手ではなく、その人自身です。**他人に向かって妨げとなる行動をした場合、それが意図的であればあるほどその力は強いので、自分自身に跳ね返ってくるのです。

ＳＮＳなどを通して他人を攻撃する動きをする人も同じです。拡散力が強い分、そこで発したマイナスのエネルギーは必ず自分に返ってきます。たとえあなた自身が攻撃をされたように感じても、そこに意識を向けなければ被害を受けることはありません。

以前、私の友人が、ある人から意図的に攻撃され、その状況に私が腹を立てていたことがありました。なぜなら、その内容自体がまったくの言いがかり（私から見ると歪《ゆが》んだ嫉妬にしか見えませんでしたが）なだけではなく、攻撃されている友人自身が、それにほとんど反応していなかったからです。

おっとりした性格の友人に比べ、私のほうが熱しやすいためか、その受け身な姿勢が友人が誤解されていく原因になるような気がしてイライラしていたのでしょう。

「誤解ははっきり解くべきだし、ウソの噂は否定するべきだし、本当のことを話したほうがいい」と、会うたびにもっともなアドバイスをしていたつもりでした。

ところが最終的に、友人を攻撃していた人は自分自身が追い込まれ、苦しい思いを経験することになりました。誰もが「こういう展開をすることになるとは思ってもいなかった」というほど、驚くような展開でした。

これを見たときに、「私がしていたことは、実は状況を悪化させる真逆のことだったかもしれない」と気づいたのです。

そこに意識を向けて怒りを募《つの》らせれば募らせるほど、その状況を引き寄せます。それにほとんど無関心で、まったく別のことに意識を向けていた友人の態度こそ正解だったのです。その後の展開には、ほうっておいても引き寄せの法則が働くのですから、おまかせしておけばよかったのです。

気にする必要はなかった……これは深い表現です。そこに意識を向けて「気にした」途端、影響力を持ち始めるのです。気になる……〝力を持つ「気」に成ってしまう〟ということです。

人を救いたいとき、変えたいときの意識の使い方

人の状況を救いたい、と願うとき、唯一効果を与えることができる思い方は「その人が幸せになっている姿を見てあげる」ということです。すでに幸せになっている状態で接するのです。

その人の理想のイメージを自分が先取りし、その波動になりきって接することです。

これは他人を幸せにするだけではなく、その波動が自分にも返ってくるので両方にとって前向きな結果を加速させます（たとえば病気の人に対して、その人の回復を祈っている人がまわりにたくさんいる場合のほうが回復力が高まるという実験データがあるそうです）。

心配するというのは一見相手を思っている姿勢のように感じますが、その人の状態を悪

いものだと認めた上で起きてくる感情なので、ただ心配するだけではプラスではありません。同情してただ心配するだけで終われば、その状況を悪化させることにもつながります。

とはいっても、どんなことでも本人の意識の波動が一番影響力を持っているので、あなただけの意識が原因で他人の状況を左右することはできません。それが起きた当人が、どんなふうに受けとめていくかが一番状況を左右します。

病気をしている人には、その病気がまったくないように接する、つらい状況から脱出したい人には、脱出した状態を思い描いて接する、なにか目指しているものがあれば、それがかなったところを見て接する、絶望の気持ちを味わっている人には、その絶望がなくなって明るく過ごしている相手を思い描いて接してあげることです。

また、より身近な人の考え方を変えたい、という場合は、自分自身がそれを体現するしかありません（実際、「精神レベルの仕組みや引き寄せの法則を知ると、自分の家族にもその考え方をして変わってもらいたいと思うようになった、でもちっとも聞いてくれない」という相談をよくいただきます）。言うまでもなく、「どうして変わらないの?・」とか、「どうしてダメなの?・」「もっとこうしたらいいのに」というような言霊《ことだま》はＮＧです。

先に書いたように、相手を変えようとするエネルギーになると自分が苦しくなるので（苦しくなるということは、その方法は間違っているということなので）、「相手は相手の自由にふるまう権利がある」ということを思いつつ、自分自身がその姿を実践することが一番効果的です。相手には関係なく、あくまであなたはあなたの居心地よくなるところを見て、自分で楽しんでいればいい、ということです。

すると、あなたの楽しそうな様子に（はじめはあまりに真逆のことを見せられると拒否反応を起こすものですが）影響を受け、少しずつなにかが変わっていきます。必ず近くにいる人の影響を受けるからです。

複雑ですが、ここにも引き寄せの法則が働いているのです。**あなたがその姿を続けていれば、それに相当することを引き寄せる＝結果的に、近くにいる相手もそれと同じような振る舞いをするようになる**ということです。それでも、あなたと相手のエネルギーが違いすぎれば、いずれ離れることになるでしょう。それが自然なこと、うまくいくことだからです。

そして繰り返しますが、「離れる」というのはマイナスなことではなく、お互いの影響を受けないところまで離れるという新しい形の選択なのです。

エピローグ

夢実現の究極の奥義

「今」に集中すれば思いがかなう

もっと自覚しよう！「たった今の波動」が未来を創っている

ここまで引き寄せの法則を説明してきましたが、結局、**一番大事であり一番影響力のあることは、「今」なにを考えているか**です。

ですから、いつも「今」の自分の思考を観察する、ということです。

たった今、自分の意識がなにに向いているか、どんな状態になっているか……。ワクワクと楽しく感じていれば、それを続けた延長線上にある未来はワクワクと楽しいものになります。

そして、それは夢や望みと同じ波動になっているということなので、ワクワクと楽しい時間が長ければ長いほど、スピーディーにそれを引き寄せます。

今、望まないことに意識を向けていて心がモヤモヤしていることがわかったら、すぐに自分の意識を楽しいほうへ向ければいい、とわかります。

どっちにしても、「今」だけが、未来に影響を与えることができるのです。

自分の意識の状態がポイント制のように溜まっていると思うと、わかりやすくなります。楽しく、明るく、ホッとしたり、うれしくなったり、癒されたり、幸せを感じたりしている時間は、赤いボールとなって溜まります。逆の気持ちになっていると、青いボールで溜められます。ずーっと赤いボールで居続けると、夢や望みは最短時間で実現します。

自分の思考を観察していないと、たまに赤になったり、たまに青になったりするのが人として普通なので、現実の生活にはあまり変化がありません。自分の人生で経験したいことを意識していないと、目の前にやってくるものにいちいち心を惑わされ、そのたびに、赤いボールが増えたり、青いボールの数が上回ったりするのです。

いつも「今」の思考に注意していると、赤いボールが増えていくことを感じられるのです。

「過去と現在と未来は、今ここに存在している」と言われる意味

「過去と現在と未来が、今ここに同時に存在している」という概念は、聞いたことはあり

ますが、実感としてわかりにくいものでした。
ですが、これも最近、感覚としてわかってきたのです。

過去のことは、自分のそれへの感想によって記憶されています。事実は関係なく、その人自身が「素晴らしい〇〇だった」と記憶していれば、今それを思い出しても、「素晴らしい」と同じ波動の物事を引き寄せます。

逆に、「最悪の〇〇だった、あれがトラウマになっている（からうまくいかない）」と思っていれば、「過去が原因でうまくいかない」という状況を今の自分に引き寄せていきます。

過去のことだとしても、それを思い出したときにその影響を受けるのは「今」です。

未来についても同じです。

今ここで、「〇〇になろう、〜〜したい」と思えば、未来にそうなる世界がひとつ追加されます。

なにも特別な意思を持たず、目の前に流れる事柄を漫然と心に流していけば、現状維持の未来が約束されます。

「これから先も楽しいことはなにもない」と思えば、それも思い通りにかなえられます。

過去の影響を受けるのも、未来へ影響を与えるのも、「今のこのときだけ」です。

ということは、過去と現在（今）と未来の矢印は次のようになっていると感じます。

過去→現在→未来

過去の事柄が現在に影響を与え、現在の動きが未来に影響を与えるのです。

ですが、基準点を未来に置くとどうなるでしょうか？

「すでに未来にそうなる形がある、だから今の自分が動かされている」と考えると、次のようになります。

過去→現在←未来

過去にあれがあったから、今、自分はこうなっている

未来にそうなるから、今、自分はこう動いている

過去と未来の矢印が、同じように現在に向いているのです。

「あのときそうだったこと」と「未来にそうなること」を元に、「今」の自分が影響を受けるのです。

繰り返しになりますが、過去のことはその人の捉え方の記憶なので、はっきり言えば妄想です。未来のことも、現時点では妄想です。

ということは、それを「過去」と呼ぼうが「未来」と呼ぼうが同じもので、それを創り上げられるポイントは、「今ここ」にある……3つとも、今ここに同時に存在する、と言えると思うのです。

未来に影響を与えることができるのは今だけです。

過去の記憶を自分にとって心地よいものに捉え直せるのも今だけです。

今の瞬間、目の前にあることを、自分が楽しくなるように捉え（受け入れ）ていれば、それが連なった未来では、常に楽しいことの連鎖がやってくるのが自然です。

今、この瞬間を、自分が望むことに焦点を当て続ければいいのです。

今の自分に起きていることは、過去に自分が考えたことの集大成

今、自分のまわりに起きていることは、自分が過去に考えたことの集大成です。

今、あなたが「自分の人生は最高だ」と感じるのであれば、これまでのやり方を続ければいいことになります。

「よいところもあれば、そうではないところもある（望んでいなかった部分もある）」というのであれば（たぶんこれが大多数でしょう）、今日から、自分が望むこと「だけ」に意識を向けていけばいいということになります。

私が、自分の感じ方として「今、とてもよい状態になっている」というとき、つまり、物事すべて（人生）が素晴らしく感じ、とても満足しながら明日なにが起こるかワクワクして、未来にやりたいこともあり……という状態になっているときに、いつも会う人がい

ます。知らない人なので声をかけることはないし、会うと言うより見かけると言うほうが近いでしょう。

ですが、私が知る限り、その人はあらゆる面でとても豊かな生き方をしている人なのです。正確に言えば、「私から見ればそう感じる人」で、私にとってはうらやましい生き方とも言えます。

その人に、私が「よい状態になっている」と必ず出会い、「あまりよくない」と感じる意識の持ち方が続くと、パッタリと見かけなくなるのです。そのたびに、自分の波動によって先に開けていく世界が変わっていく、ということをリアルに感じます。

かなり進まないと変化を感じられないのではなく、その末端の今日の出来事から、もう変化が起きているのです。

あとがき
長期間の三部作を書き終えて

私の執筆人生のスタートであり、(図らずも) 基礎となった『あなたは絶対!・運がいい』のパート3を書き終わって……………今、かなり充実した「書き切った感」を味わっています。

この十数年、引き寄せの法則をより深く正確に理解することによって、私の人生に (憂うつになるレベルの) 悩ましいことはなくなり、「人生を自由にデザインする」という感覚が増しました。そのあいだ、変わらずに私の本を読んでくださった読者の皆さまに感謝申し上げます。

『あなたは絶対!運がいい』がまだそれほど売れていないとき、まだ日本の書店にこの類の本がほとんど見られなかったときに声をかけてくださり、今日まで変わらずに伴走してくださった廣済堂出版の伊藤岳人氏には、改めて感謝の気持ちでいっぱいです。本当にありがとうございました。事務所のスタッフたち、家族にも感謝を込めて!

今の人生を超えた魂全体のレベルでの「この世の仕組み」の探求に、「これで終わり、完成、卒業!」ということはなく、生きているあいだずーっと続く(知り得ていない先がある)ということに、今、ワクワクしています。

これからも執筆は執筆として変わりありませんが、それ以外の「やりたいこと」へ向かっていよいよ進み始める予定です。

皆さまにも引き続き、幸せなことがたくさん起こりますように。

2018年 東京のサロンにて　浅見帆帆子

著者へのお便りは、以下の宛先までお願いします。
〒101-0052　東京都千代田区神田小川町2-3-13 M&Cビル7F
株式会社廣済堂出版　編集部気付
浅見帆帆子　行

公式サイト
http://www.hohoko-style.com/
公式フェイスブック
http://facebook.com/hohokoasami/
まぐまぐ「浅見帆帆子の宇宙につながる話」
http://www.mag2.com/m/0001674671.html
アメーバ公式ブログ「あなたは絶対！運がいい」
https://ameblo.jp/hohoko-asami/

本書は書き下ろしです

あなたは絶対！運がいい3
誰でも思い通りの人生を生きている

2018年3月30日　第1版第1刷

著　者 —— 浅見帆帆子
発行者 —— 後藤高志
発行所 —— 株式会社廣済堂出版
〒101-0052 東京都千代田区神田小川町2-3-13　M&Cビル7F
電話03-6703-0964（編集）　03-6703-0962（販売）
Fax 03-6703-0963（販売）
振替00180-0-164137
http://www.kosaido-pub.co.jp

印刷・製本 —— 株式会社廣済堂

ブックデザイン・DTP —— 清原一隆（KIYO DESIGN）

ISBN978-4-331-52153-3 C0095